西尾秀巳

わたしの天職

北九州おもしろ人間帖

石風社

わたしの天職　北九州おもしろ人間帖◎目次

マイ・フロンティア！ ―― 167

当世老舗気質《かたぎ》

名門バー・おんな三代

バー「燦《さん》」
西村二三子《さん》
美沙子《さん》
朱　根《さん》

夜のとばりが下り、門司区栄町・飲食店街のネオンが輝きを増す。店のカウンターに並んだ女性三人。親、子、そして孫——女性三代が切り盛りする名門バー「燦《さん》」。

きっぷのよさ、さっぱりとした性格。西村二三子《ふみこ》さんは、八十五歳になる。その娘でママの美沙子さん、孫朱根《あかね》さんの三人で店の看板を守る。

「五、六年前と比べると町に明るさが戻ってきた感じ。レトロ観光のおかげかしら」。和服姿が粋な二三子さんは目を細めた。常連さんでいっぱいの店内は、カウンター十二席、テーブル十二席。客同士、肩書に関係なく談論風発——そんなサロン的な雰囲気が漂う。「会話を阻害するカラオケは置きません。大事な雰囲気を壊しますから」と美沙子さん。

開店は一九六七（昭和四十二）年九月。大陸の玄関口として栄えた門司港が、繁栄の最後の余韻に浸っていたころか。当時、門司港には大企業の支店や工場が集中。お客も支店長、工場長、それにお得意接待の社用族……。人の二倍働いて、人の二倍遊ぶ――そんなきっぷのいい客が通い詰めた。

「東京に栄転されその後、社長になられた方もいらっしゃいます。皆さんからいろんなことを教わりました」

美沙子さんは、ある社長から厳しくしくしかられた思い出がある。「商売は、お客が見えた時と帰るときが一番大事なんだよ」と。「いまでもこの言葉を大事にしています」

客の間で二つの会が生まれた。「燦《さん》の会」と「無限会」。どちらも、親睦団体である。九六（平成八）年十一月、門司倶楽部《くらぶ》で開いた開店三十周年記念パーティー。全国各地から、二百人がお祝いに駆けつけてくれた。

毎週土曜の夜。店内に粋な三味線の音が流れる。生徒は、店の常連客三人。指導するのは、二三子さん。門司港、華やかかりしころ、芸名・小玉でお座敷に上がった芸者出身である。

かつて門司港の花街には、二百人を超す芸者衆がいた。船舶、銀行、商社――当時の門司港は、大企業の支店が多かった。支店長の親睦会では毎月、芸者衆が日ごろの芸を披露したという。美沙子さんの夢は「花街の文化を残すため、芸者学校を作り、若い芸者さんを育ててみたい」

伝統ハムの味を守る

「ヤギシタハム」代表
八木下憲司さん（75）

弁護士、税理士から何度も引導を渡された。「再建は無理です。あきらめてください」

昨年（九七年）十二月末、操業ストップ。父の代から続いた七十年の歴史は、潰えたかに見えた。が、八木下さんはあきらめなかった。「伝統の味を消してなるものか」

この熱意が、地元の経済人たちをつき動かした。そして九八（平成十）年六月。地元、北九州で生まれ育ったハムメーカーの老舗、「ヤギシタハム」＝八幡西区樋口町＝が再操業のスタートを切った。以前の五分の一に満たない規模での船出だった。

三年前（九五年）の夕方。一本の電話が、八木下さんのその後の人生を変えた。「明朝までに四百万いる。助けてほしい」

弟からの突然の懇願だった。「会社は順調、とばかり思っていました」。弟の和郎さん（70）は当時、ヤギシタハム代表取締役だった。翌朝、かき集めた現金を届ける。そして、会社の内情を知りがく然とする。それに弟は、体を壊して寝込んでいる。

初代社長の長男でありながら会社を継がず、長い間、ＪＲ黒崎駅前で妻と二人で焼鳥屋を営んできた。「親不孝へのせめてもの償いです」

ヤギシタハムは、一九二九（昭和四）年の創業。八木下さんの父道三さんら三人兄弟が、八幡市黒崎熊手（現八幡西区熊手町）のラムネ屋工場の一部を借りての出発だった。二男俊三さんがドイツハムの名門、ローマイヤの技術を習得。長男道三さんが港町の門司、若松を中心に売り歩いた。

ヤギシタで育った職人がその後、全国に散らばり、いまの大手ハムメーカーの基礎をつくった。高度成長時代の七〇年代、ハム業界にも転機が訪れる。過当競争が激化、安くて、長持ちする製品をつくることが至上命題に。保存料、発色剤などの添加物をたくさん使う製造法が主流になった。

だが、ヤギシタハムはあえてこの流れに乗らなかった。創業時から、素材の味にこだわり、手作りに徹してきた。「理想を追い求めてきたことが、経営を圧迫する結果になりました」

「ハムさえ作らせてもらえるなら、給料なんか関係ない」。安定飛行にはまだほど遠いが、そんな職人気質《かたぎ》の技術者が残ってくれた。

「伝統の味が守れてよかったですね」。代表取締役の八木下さんが、百貨店の食品売り場を巡回していると、お客から声が掛かる。

「この味を求める人がいる限り、守り続けます」。ジャンパー姿の八木下さんの顔がほころんだ。

復活料亭の「看板女将《おかみ》」

料亭「ひろせ」

久野悦子さん（56）

料亭「ひろせ」は、関門海峡を見下ろす、門司港の高台にある。石段を上り、どっしりとした門をくぐると、老舗の風格が漂う。「少しずつ深みにはまってしまって」シックな和服姿。無駄のない身のこなし、相手の気をそらさない巧みな話術。「ひいき筋から、復活の要望が出るまで、料亭を継ぐとは夢にも思っていませんでした」

一代で、この料亭を興した母広瀬フサヱさんは生涯現役を貫き、一九九三（平成五）年六月に他界した。二カ月後、四十二年の歴史に幕を閉じる。政財界、火野葦平ら文人墨客《ぼっかく》の社交場として華やかな歴史を刻み、惜しまれながらの幕引きだった。

そのころ、悦子さんは東京で家庭を持ち、得意の語学を生かし、翻訳の仕事で活躍していた。料亭を閉じて間もなく、ひいき筋から復活の要請が届く。迷っていると「海の家形式に、季節だけやったらどうか」の提案をもらう。

「季節限定なら、両立できるかも」。走りながら考えるタイプの久野さん。「ふぐ」のシーズンの十一月～三月までの四カ月間の復活を決める。母の時代に板場を切り盛りしてくれた料理長が戻ってくれた。会社の厚意で、この期間は休職にしてもらった。会社員の夫と二人の子どもを残し、妻の単身赴任が始まる。月一回、四日程度東京に帰り、主婦業をこなしてとんぼ返りの日々が続く。料亭の仕事が軌道に乗ると、「夏もやってくれ」の声が上がる。

女将《おかみ》として、デビューした日のことを覚えている。心地よい緊張感。毎日が楽しかった。「血が騒ぐというんでしょうか」。四年前、主婦業、翻訳の仕事との両立が限界に。二者択一を迫られ、「ひろせ」の完全復活を決意する。夫や子どもたちも賛成してくれた。「人生いろんな道がありますが、私は昔からあえて苦しい道を選んできました」

その久野さんが、ぽつりと言った。「母が二代目なら、引き受けていなかったでしょうね」。芸者から身を興し、借金をして一九五一（昭和二十六）年、料亭を開業。亡くなるまで一度も継いでくれとは言わなかった。「明治の女」の気骨、その後ろ姿を見て育った。

昨年（九六年）、料亭が多忙な年末。設計事務所に勤める長男洋さん（28）が、仕事を休んで料亭を手伝ってくれた。うれしかった。でも、母が娘にしたように、後を継いでくれとは言わないつもりだ。

この四月、女将は単身赴任を解き、住民票を門司区に移した。

双子《ふたり》の焼きそば

焼きそば「永楽」
安達カズエさん(62)
飯田フミコさん(62)

ジュッ。分厚い鉄板から上がる小気味のいい響き。めん、白ねぎ、もやし、それにブタの白身の具が混ざり合い、何ともいえない香りが漂う。

「厚い鉄板の熱がうま味を生み出し、双子姉妹の心意気が相乗効果となっている」。めん類研究家、寺戸省滋さん（65）は絶賛する。かつて専門誌で、東の「染太郎」、西の「永楽」＝直方市須崎町＝といわれたほど、この店の焼きそばファンは多い。東京・浅草の「染太郎」も作家、永井荷風が通った老舗。

姉カズエさんはいう。

「この味を完成させるまで、お客さんからいろんな知恵をいただきました」。戦後間もなく母シズエさん（86）が作り上げた味を、姉妹が守る。双子だけに顔はそっくりだが、性格は違う。テキパキした行動派の姉。のんびりしたお人よしの妹。

二人が店に立つと、温かい雰囲気をかもしだす。

一九三五（昭和十）年、京城（現ソウル）で生まれた。ともに七カ月の超未熟児だった。発達が遅れ就学年齢の六歳になっても、就学猶予となった。入学したのは、姉八歳、妹九歳の時。父は、鉄工関係の技術屋だった。一家五人は、旧満洲（現中国東北部）から引き揚げてきた。母が引き揚げ者用のバラックで、まんじゅうを焼いた。そのころ、客が言った一言がヒントになった。「（まんじゅうでは）あまりもうからないでしょう。めんを焼いてみたら？」

シズエさんの試行錯誤が始まる。あれこれ試みた。具にカマボコを入れてみた。早速、反応があった。「もやしやねぎも入れたら？」。お客の医師からだった。

店内には立派な木板に毛筆で書かれた句が掲げられている。

花しょうぶ　焼いてこの道　四十年

常連客の元中学教師（故人）が、開店四十周年の八七（昭和六十二）年六月に贈った。カズエさんはいう。

「ちょうど、しょうぶの花が咲くころでした。『花の時期ですものね』と言うと『あんたのお母さんのことを歌った句だ』とおっしゃって」

引き揚げてきた時、母は三十代。この教師曰く。「花の盛りと同じく、女性が一番輝くのは三十代から。そのころから、焼きそばで〝勝負〟して四十年。その生き方をたたえ〝しょうぶ〟の花と重ねた句です」

そのシズエさんは体を壊し、十年前引退した。焼きそば一品だったメニューに、娘たちの手で新たに、ギョウザが加わった。

傘のお医者さん

「傘の修理　大学病院」
佐々木邦義さん（89）

入り口に、「傘の修理　大学病院」の古びた木製の看板。所々はげ落ちたペンキが、歴史を感じさせる。「院長」のおいちゃん先生は、作業場の裸電球の下で節くれだったごつい手を動かしていた。梅雨入りを前に、一年でもっとも忙しい時期である。

「看板の由来？　友人の医者が命名してくれたんだ。『オレは人間を治す。お前は傘を直す医者だ。共に頑張ろう』ってね」

修理一筋六十九年。自ら院長と呼ぶおいちゃんは、赤銅色の顔をほころばせた。天気がよければ、愛車を駆って町に繰り出す。荷台とサドルに積んだ「七つ道具」は十キロを超す。ひょいひょいと自転車をこぎながら、時折胸にぶらさげた笛を吹く。

「おいちゃん！　待っとったとよ」。なじみ客から声が掛かる。傘の修理の行商で七人の子どもを立派に育て上げた。「これまで直せんかった傘はなか。わしゃこの仕事に誇りばもっちょるよ」

山口県萩市の生まれ。四人兄弟の三番目の佐々木さんが、流れ歩いて門司にたどりついたのは二十歳の時。やがて、沖仲仕の仕事に就いた。当時の門司港は大陸の玄関口として活気に満ちていた。傘の修理を始めたのは、同郷の友人のこんな勧めからだった。「傘の修理は食いっぱぐれはないぞ」。見習いを経て独立したのは一九三五（昭和十）年。

戦後間もなく、こんなエピソードがある。近所の母親が困った顔で相談に来た。聞くと結核で寝たきりの娘が「一度でいいから赤い傘をさして歩いてみたい」とねだるという。「よしわかった」。佐々木さんはたんすの奥から一番上等の傘を取り出した。数年後。精米所で働いていたその母親は浮かせてためた米を持ってやってきた。不覚にもおいちゃんの目から涙がこぼれた。

生まれついての義侠《ぎきょう》心。それに曲がったことが大嫌い。相手がだれであろうと、筋が通らないことには体を張って抵抗した。ヤクザが、商売人をゆするのを見ると、身の危険も顧みず、仲裁に入ることもあった。明治男の気骨を漂わせながら、これまたどことなく愛きょうを感じさせるから不思議だ。

「長いこと貧乏してきたから、人の情けはよくわかるつもりだよ」。おいちゃんはそう言ってごま塩頭をかいた。九八（平成十）年九月、門司高校の生徒会役員が訪ねてきた。「文化祭でおじいさんの歩んで来た道を話してくれませんか」。「そんな柄じゃない」とやんわり断わった。

現役を続ける理由は？

「この仕事で長年食べさせてもらったからね。いまはその恩返しと思ってやってるよ」

揚げパンは〝チームワーク〟の味

「虎家」
空閑千恵美さん（57）
高向 初 美さん（49）
中村真澄美さん（46）

揚げパンを食べ終った会社員風の男性が言った。「何か書く紙ありませんか」。差し出された便せんにさらさらとしたため、立ち去った。カウンターに残された紙にこう記されていた。

〈長い間ありがとうございました。四国に転勤します。この店は高校時代（小倉商業）からのファンでした。これからも頑張って下さい。四十八歳、男性より〉

ちょうど一年前のことである。三姉妹の長女千恵美さんは、感激の面持ちで語る。「お客さんに商売させてもらっているのに、感謝されて商売人冥利に尽きます」

両親の市川虎彦さん、ミチエさん夫婦が交通の要所、三萩野交差点（国道3号、同10号）に近い小倉北区黄金町に、パン屋を開いたのは一九五一（昭和二十六）年。屋号の虎家は、二十一年前に逝った父の名前から取った。長男龍次さん（51）は跡を継ぐのを嫌い、サラリーマンの道へ。

「俺一代でこの店も終わりやなあ」。生前、虎彦さんは寂しそうにしていたという。八一（昭和五十六）年、母ミチエさんが亡くなる。それまで側面的に手伝っていた三姉妹が店を継ぐことになる。

メニューは、カレーパン、あんドーナツ、ドーナツの揚げパン三品のみ。一個三十円は二十年前からの変わらぬ値段だ。「お客さんの方が『値上げしたほうがいいんじゃないですか』と心配してくれます。でも頑張れるうちは頑張ろうと」

店のシャッターは午前五時半に開く。恐らく、日本一早い開店時間ではあるまいか。そう水を向けると、千恵美さんは笑顔で振り返ってくれた。

「母が亡くなるまでは、午前六時四十分の開店でした。『あの店は早く行かないと売り切れる』。そんなうわさが広まり、どんどん早くなってしまって……」

決まった閉店時間はない。パンが売り切れた時が閉店時間である。早い時は午前八時半、遅くとも午前十時には、シャッターを下ろす。

「三姉妹の笑顔を見るとホッとします。チームワークも抜群ですね」。常連客は口を揃える。

千恵美さんは揚げる係。二女・初美さん、三女・真澄美さんでパンの製造を担当する。この十七年間、三人とも無欠勤。「開店前から待っていてくれるお客さんに迷惑をかけられませんからね」

チームワークの秘訣は？

「肉親だからと、甘えないこと。お互い家庭がありますし、少しの我慢が必要ですね」

コーヒーの味究め三十七年

喫茶「彩」
山口綾子さん（77）

おいしいコーヒーに出合った。濃くもなく、薄くもない。苦みと甘みが口の中でせめぎあい、最後にほのかな甘さが残る……そんな感じのまろやかな味だった。

「うまいコーヒーをたてるコツ？　それは心を込めることですよ」。即座に返ってきた言葉がこれだった。

「三十七年間、毎日たてていますが、納得できる味は年に何度かですよ」

カウンター越しにさらりと語るのは、喫茶店「彩」の主人、山口綾子さん。柔和な表情とは裏腹に、語る言葉は職人然としている。四十歳の時、開業したと聞いた。とすると、いま七十七歳！　ピンクの肌に、張りのある声。ピンと伸びた背筋……。

店を始めたきっかけが面白い。時は敗戦間もない一九四五（昭和二十）年秋。山口さん母子は、朝鮮総督府の技術吏員だった夫を残して引き揚げることになったが、故郷・小倉市（現小倉北区）への帰途、韓国・釜山港で思いがけないことが起きた。米兵による荷物検査で、全財産を没収されてしまったのだ。幼い子ども二人を連れ途方に暮れた。

「夫に申し訳なくて……。子どもに手がかからなくなったら、働いてお返しを」。戦後、常にそう思って生きてきた。翌年引き揚げてきた夫隆佐《たかすけ》さんは、鉱山の技術職として働いた。その夫は八年前（八九年）、がんで逝った。

小倉北区魚町。魚町銀天街から少し入った一角で小さな喫茶店を開いたのは、一九六〇（昭和三十五）年。六人も座れば満席のカウンターとボックスが一つ。

狭い店内には、全国各地の民芸品が所狭しと並ぶ。出張や旅行に行ったお客のおみやげである。「みんな、息子や娘みたい。いまでも家族付き合いさせてもらっています」。仲人を務めた夫婦は十五組を超えた。転勤したサラリーマンが子どもを連れて訪ねてくれる。「お袋さん」。お客は、親しみを込めてそう呼ぶ。おいしいコーヒーとあったかな触れ合い……。

「店を継ぐため、息子（46）が東京から戻ってくれましてね」。山口さんは、目を細めた。

世界でたった一つの靴

「丈夫屋」
中村峰一さん（64）

「お客さんに『履き心地いいよ』と喜んでもらった時が最高だね」

入り口に、つくって売る店「丈夫屋」＝八幡東区西本町＝の看板がかかる。古びた皮漉機《かわすきき》にミシンが並ぶ仕事場は、歴史の重みを感じさせる。皮革のにおいが漂う約三十平方メートルの店内で、中村さんが黙々と手を動かしていた。

バブル全盛期は、〝足道楽〟の常連からさまざまな注文が届いた。素材もダチョウ、カメ、クロコダイル、カンガルー……。ダチョウの場合二足分しか取れない。毛を抜いた跡の自然な模様がマニアに人気だった。一足三十九万円の高価なものもあった。バブルがはじけ、出来上がった靴を取りに来ないお客もあるという。

「私が好きなのはイノシシの皮で作った靴。柔らかくて軽いのに、耐久力は抜群です」

昭和三十年代後半から四十年代にかけての高度成長期。雇われの身だった中村さんが、待望の店を構えたのは、一九六一（昭和三十六）年。八幡製鉄所（現新日本製鉄）の西門バス停前という立地条件にも恵まれた。製鉄関係者からの注文や修理が殺到する。徹夜しても注文に追いつけず、二年目に職人を雇った。列島改造にわき、消費は美徳と喧伝《けんでん》されたころである。

しかし、そんな日々は、長くは続かなかった。津波のように襲ってくる大手既製靴メーカーの攻勢。種類が豊富で、デザインもしゃれている。勝負にならなかった。高炉廃止に伴う合理化も痛かった。

「かつて、製鉄所周辺に七軒あったけど、いまは私の店だけ。厳しいけど、既製の靴には負けたくないしね」

既製品でありながら、手作りと遜色《そんしょく》ない履きやすいものが出回っている。悔しいけど真似できないデザインもある。「履き心地がいい」と一時もてはやされたしぼりを施した「袋縫い」。購入し解剖してみたが真似できなかった。プライドを捨て、大手靴メーカーの職人に教えを請うた。生き残るために新しい技術の研究は欠かせなかった。

財産は、約四百人の固定客の足型。遠方は名古屋の女性から注文がある。最近、目立つのが若い女性の外反母趾《ぼし》。「見た目優先で、先の細い靴ばかり履いていると危ないですよ」

弟の竹治さん（62）も靴職人。底付師（底部分）の峰一さんと、製甲師（上物部分）の竹治さんがコンビを組んで分業。その峰一さんには大きな夢がある。

「五歳の孫が成人式を迎えた時、飛びきり上等の靴を作ってやるんだ。そのためにも八十歳まで、現役でがんばるよ」

職人の顔が一瞬、緩んだ。

出番だよ！ ガイドさん

吉村ガイドクラブ
妻鳥和美さん（46）

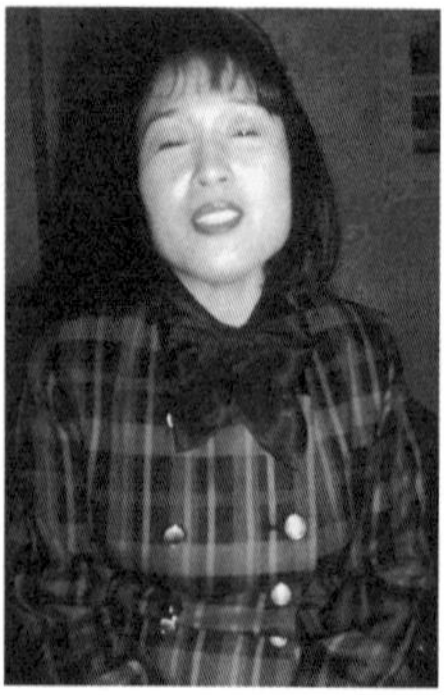

秋の観光シーズンたけなわ。妻鳥さんは、元観光バスガイドでつくる吉村ガイドクラブ（福岡市）に所属する。

クラブの存在を知ったのはこの本の新聞連載中、筆者あてに届いたはがきからだった。九八（平成十）年九月中旬、長崎、雲仙と回ったはがきの主は、その時のガイドさんをこう絶賛していた。

〈落ちついた声、「ら」抜きでない正しい日本語。まさに絶品で、プロ中のプロと感じました。特に永井隆博士を語る際の「この子を残して」の朗読の一節には、余りの名調子に、熱いものがこみ上げました。〉

観光バス会社にたずねると、吉村ガイドクラブのガイドで、あいにく福岡市在住の人だった。「北九州にも素晴らしいガイドがいます」。クラブ代表の吉村和子さんが紹介してくれたのが、妻鳥さんだった。

豊前市の出身。万博景気にわく一九七〇（昭和四十五）年、バスガイドに採用され西鉄に入社する。「勉強することが余りにも多く、入社当時は辞めることばかり考えていました」

当時、コンビを組むドライバーも厳しかった。入社三カ月のころ。二泊三日で別府、雲仙を回る旅のガイドを担当した。旅行が終りに近づいた時、ドライバーから思わぬ注文が出た。お客にマイクを回し、ガイドぶりについて感想を聞けと言う。マイクが一巡したあと、旅行会社の添乗員が引き取った。「お客さんは満足しなかったと思う。でも若いガイドさんには将来がある。頑張って」

このひと言に救われる思いだった。「励みになりましたね。お客さんから喜ばれるガイドになろうと」

八年間、勉強に明け暮れ、ガイドのコツを一つ一つつかんでいく。一九七八（昭和五十三）年、結婚退社する。翌年、出産。八二（昭和五十七）年、思いがけないことが起きた。山口県秋吉台を案内していたバスガイドが身内の不幸で急きょ、職場を離れることに。ガイドクラブから要請が舞い込む。「四年のブランクがあり、不安でした。いざ引き受けると、楽しさや喜びがよみがえってきました」

妻鳥さんが所属するガイドクラブは会員十六人。観光バス会社なら、バスガイドの教官クラスの面々だ。通り一遍のガイドでは満足しない旅慣れた客が多くなり、旅行代理店から指名がかかるケースが多いと言う。

「努力を怠らず、若い気持ちを失わなければ定年のない仕事だと思っています」

ちなみに京都では六十代のバスガイドが活躍中とか。

われらの美学

こころの色、布に映して

染色工房「布むら」
藤田高明さん（38）

「人が見て、なごむような作品を生み出していけたら、と思います」

関門海峡を見下ろす小高い丘に建つ工房で、夢を語る。柔和な表情から、染色にかける意気込みが伝わってくる。

素材の布と向き合う前にやることがある。日常生活でたまった雑念を落とす作業である。寝袋を抱えて山に入る。大自然の懐に抱かれて「無に返る」。もうひとりの自分に会うためでもある。「雑念を捨てなければ、人に感動を与えることはできない」。ストイックなまでのものづくりへのこだわりである。

職人の町、京都で生まれ、育つ。幼いころから、匠《たくみ》の技に興味を抱いてきた。学校卒業後、染色家に弟子入りする。一年半は、反物には一切触れさせてもらえなかった。朝六時から、工房の清掃やお茶を沸かしたりの雑用がくる日も続く。

弟子が十人入ると、残るのはせいぜい二人。「芸大、美大などを卒業し、芸術家の卵気取りで入ってくる弟子たちは、ほとんど途中で辞めてしまいました」

師匠の持論は「学校で習ったことを、一つ一つつぶしていくことから始まる」。いったん、捨て去ったあと、自分独自のカラーをどう出していくか。全く白紙でこの世界に入った藤田さん。着物の下絵、柄の絵付け、地染め……。染工程のすべてを盗み見ることができた。水が砂にしみ込むように入っていく。「急がば回れ」の格言を実感した。

職人の世界も分業化の波が押し寄せる。染は引染、柄は彩色。藤田さんのように、そのふたつをできる人は数少ない。

一九九三（平成五）年、染色の土壌がない門司港で、染色工房「布むら」を開く。

個展に出品する作品になると、染める前に四工程、染の段階で二十工程、染めたあとさらに五～六工程と続く。はけを使って布に染料を引いていくが、一回で染まるものはない。乾いては塗り、塗っては乾かす。この工程だけで四～五回。計三十五工程の気の遠くなるような作業だ。

温度、湿度、職人のその日の体調……それらが微妙に影響する世界。こうして、生地の風合いと、色彩が織りなす調和美が生まれる。

奥さんの故郷でもある門司港はいま、レトロ観光ブームが続く。タペストリー、バッグ、間仕切り、のれん、テーブルクロス……。「伝統美を生かしつつ、『生活を豊かにする美』を追求し、レトロ観光の一翼も担いたいですね」

遊び心を織り込む

「北野乃しゃつ」
北野　勲さん（42）

遊び心のあるシャツ。いったん袖《そで》を通すと、手放せなくなる。神戸、京都、広島……遠方から訪ねてくる人たちは、そう口を揃《そろ》える。自然素材の綿、麻、絹を使い、心地よさ、着やすさに心掛ける。

風師《かざし》山の中腹に「北野乃しゃつ」＝門司区元清滝＝の看板を掲げて十年。「デザインは心。自分をしぼっていた枠を、どう取り払っていくかです」。関門海峡を一望するアトリエで、ポツリ、ポツリと語り始めた。

京都《みやこ》郡勝山町の出身。少年のころから遊びの天才だった。水鉄砲、水中銃……遊び道具は自分でつくった。「勉強もせず山や川で無邪気に遊んでばかりでしたね」

工業高校を出て、自動車メーカーに就職、生産現場で働いた。チャップリンの映画「モダンタイムス」のような世界に嫌気がさし、四カ月で退職。再就職した鉄工メーカーでは、来る日も来る日もパイプの溶接に汗を流す。「あのころ、人生というものを初めて考えましたね。自分に合った生き方とは何ぞやと」

囲われた世界からもっと広い世界へ。漫然と考えていたころだった。何気なく見たテレビのファッションショーに「胸が高鳴った」。その足で、小倉のデザイン学校の門をたたく。昼はファッションデザインを学び、夜は喫茶店で働いた。二十二年前（七六年）のことだ。卒業後、北九州市、福岡市の服装メーカーで、裁断や仕立てを学ぶ。

「少年がそのまま大きくなったような人なんですよ」

妻恵子さん（45）は苦笑する。出会いは十二年前。本人に出会う前にまず、北野さん制作の服に出合った。恵子さんが福岡市天神のブティックに勤めていたころだ。その時のインパクトは強烈だった。「服がすっごく遊びたがっている。彼の作品は、そんな印象的なものでした」

古いネルの着物で男物のスーツをつくったり、ブラウスにチョウが飛んでいたり……。「好きな作品をつくるため、独立しよう」。二人は意気投合する。

四季折々、美しい表情を見せてくれる約千五百平方メートルの敷地にアトリエと住居。夫が「衣」、妻は「食」「住」を担当する。住居の内装は恵子さん自ら改装、野菜中心の季節料理店「庵《いおり》かくれんぼ」を営む。敷地内で採れるツワブキ、ヨモギ、セリ、……春の香りが食卓を飾る。

「素材を生かしながら、遊び心をシャツにどう出していくか。これからです」と勲さん。時流に流されず、自分に正直に生きていくつもりだ。

ひとと世界を紡ぐ

映像コーディネーター
水本勝美さん（45）

写真家、映像作家、シナリオライター……。いくつもの顔を持つ。「よく聞かれるんですよ。『一体、本職は何ですか』って。僕にとって、三つとも自分を表現するための道具。どれも大事なものです」

ＣＭビデオの制作も手掛ける。テレビ朝日系全国ネットで放映された地元住宅メーカーのＣＭ。三十人のスタッフを引き連れ、茨城で二日がかりで撮影した。「北九州の仲間も技術では負けていないのに、東京や福岡に仕事を取られる。悔しいですね」

対抗するため、二年前（九六年）チームをつくった。音響、映像のえりすぐった仲間を加え、水本さんは企画、演出、シナリオを受け持つ。映像を担当する北九州市の有限会社「写楽」は、この世界では一目置かれた存在。中央のテレビ局、映画会社が多数参加した科学技術映像祭。写楽は中央の大手を抑え、医療部門で科学技術庁長官賞を獲得し、話題をまいた。三年前（九五年）のことだ。

もの書きから出発した。二十代の一時期、週刊誌の外部ライターとして、現場をはいずり回る。

いわゆるトップ屋である。下町で精いっぱい生きる、にんげんも描いた。オカマバーで働く〝女〟ラブホテルの経営者、入れ墨ストリッパー……。

「『自分はばか』と言い切る潔さ。『この世界しかない』と達観したすがすがしさ。あらゆる虚飾を捨てた、これが本当の人間の姿と思いましたね」

札幌に本社がある経済専門紙の記者を経て一九八四（昭和五十九）年に郷里・北九州市に戻る。途端に食えなくなり、募集広告を見て地元の不動産会社に就職する。七年間、広報・企画を担当した。先見性のある社長から学ぶことが多かった。

バブルの絶頂期の八八（昭和六十三）年に有料老人ホームを建てた。当時、全国平均四千万円の時代に、二千万円を切る値段設定。入居者の毎月の生活費は十万円だった。猛反対する社員に「（年金生活者が入居出来る）その値段で可能な方法を考えろ」。「迫り来る高齢化社会を見据えて『原価をモノサシとしない。市況をモノサシにする』を実践する人でした」

七年間のサラリーマン生活を経て、七年前（九一年）に独立する。

今年（九八年）三月。「小学生にごみ問題を考えてもらう」と、下関市環境局からの要請でビデオ（十七分）を作った。ごみは分類することで、新たな資源になる。そう語りかけるこのビデオは、小学四年の道徳の時間に放映されている。

「次は結婚差別を受けた在日韓国人三世の友人を素材に、人種差別を乗り越えられるような作品をつくりたいですね」

団欒を呼ぶ器

「大洞陶房」主人

有光武元《たけちか》さん（57）

「器に料理がのってこそ、本当の美しさが出てくる。私は食器屋に徹したい」

陶芸家と呼ばれることに、いささか抵抗がある。「作者は、あまりしゃしゃり出てはいけない」。野武士然とした風貌《ふうぼう》の有光さんは、あくまで謙虚に語る。

周防灘《すおう》を一望する門司区白野江の小高い丘にある陶房には、看板はない。「観光化されず、作陶に打ち込みたい」との思いからだ。大洞《おおぼら》陶房の名に、主《あるじ》の心根が表れる。

「たとえ、大ぼらと言われてもいい。食卓が家族の団欒《だんらん》の場として、一体化をはぐくむような、そんな器をつくり続けたい」

門司港の老舗料亭に生まれた。京都の大学では、化学を専攻。卒業後は、化学系の会社に就職した。が、もっと人間くさい手仕事がしたい、と三年で退社。

この世界を目指したのは、一九六八（昭和四十三）年。愛知県瀬戸市へ修業の旅に出る。その際、JR門司港駅の時計台の下で誓った。「十年後には、必ず地元に戻って陶房をつくってみせる」

瀬戸に十年。うち、二年間、フィリピンの大学で焼き物の指導をした。この体験は大きかった。「フィリピンでは、焼き物は単なる置物ではなく、道具としての食器だった。それも粗雑な原料の器を愛着を持って大事に使っていた」

「有光の赤絵」はつとに知られる。華麗な彩りと端正な形は、女性を中心に全国に多くのファンを持つ。歌手の岩崎宏美さんもその一人。

奈良市の大和文華館で偶然鑑賞したのが「赤絵」との出合い。白い地肌に色とりどりの文様が華やかな色絵のとりこになる。その愛らしさにひかれた。愛らしさ、楽しさ、やさしさ。自分流の絵柄を追求し、独自の赤絵を確立させた。

赤絵のほか、染付け、青磁、絵唐津、粉引《こひき》と多彩な焼き物に取り組む。有光ファンの一人は言う。「土と形に一体感があり、やさしさと可愛らしさがある。和洋どちらの料理にもマッチする」

四年前（九四年）。全日空国内線のスカイビジョン（「九州の焼き物を訪ねて」）で、「有光の赤絵」が紹介された。押しも押されもせぬ全国区に。なのに、時折訪れる地元愛好家の口から出るのは「門司にこんなすてきな陶房があったんですか」。

弟正さん（55）は、門司区本町で日本料理「あり光」を営む。もちろん、器は有光さんの作品。「でも、店をのぞくと器の使い方や盛りつけ方などで、よく弟とけんかするんですよ」

水際の世界

写真家
武田晋一さん
（30）

川面に急降下するカワセミ。あがる水しぶき。小魚を瞬時に捕らえ、舞い上がる……。水辺のカワセミをとらえた七枚の組写真である。わずか八分の一秒の世界。

武田さんは、この連続写真を撮るのに三年を費やした。この間、添田町の彦山川に通い詰めた。カワセミの餌《え》づけから始めた。「冬のエサのない時期を狙い、子育てが始まる三月中旬までの四カ月が勝負でした」

高校の非常勤講師をしながら、年間二百日はフリーカメラマンとして活動する。

少年のころ、父の友人に連れられて行った渓流釣りにのめり込む。熊本県五家荘《ごかのしょう》、宮崎県椎葉の清流を歩くうち、そこに生息する生き物が好きになった。山口大学理学部生物学科の大学院に進んだのも「生き物の生態を研究したかったから」。

昆虫専門の写真家、海野和男さんに「写真家になりたい」と手紙を出す。やがて返事がきた。〈プロになるには、二つ方法があります。一つはプロカメラマンの助手になる道。もう一つは、アルバイトをしながら、自分で頑張る。一度私の仕事場に来ませんか〉

大学院一年の夏休みに、長野の専用スタジオで一週間、仕事を見せてもらった。意外だったのは、山野を駆け巡りながらの撮影ではなく、スタジオのセットにこもっての作業だったこと。人工の照明をあてて撮った方が質の高い作品になることを知った。

もうひとつ、貴重な助言をもらった。「売れる作品と、いい作品は違う。売れなくてもよいから、人が撮ったことのないものに挑戦しなさい」

「自分らしい作品とは何か」。悩んだ末の結論は「小さいころ親しんだ、水辺の生き物をテーマにしよう」。

胸まであるゴム長靴を履いて、川歩きが始まった。「自分も水辺の生き物の一つ」。そう思えるようになった時、ひらめいた。「カワセミが、水中でエサを捕らえた瞬間を撮ろう。それも水辺の背景も入れて」。七枚のカワセミの連続写真には、武田さん独自の生き生きとした水辺の世界が詰まっている。

水中の生物は、ストロボなしでは撮れない、とされてきた。が、それでは背景の自然な感じが損なわれる。「自然の光で撮りたい」。武田さんは、さまざまな工夫を試み、それを可能にした。

「どんな工夫かって？　それは秘密です。でも、昨年できたことが、今年はうまくいかない。そんなことがしばしば起きる。自然から、課題を突きつけられているんでしょう」

かぼちゃという小宇宙《ミクロコスモス》

画家
川原田　徹さん（53）

四年ぶりに再会すると、肩書が一つ増えていた。名刺に「退化人類研究所　カボチャドキヤ」＝門司区長谷＝とある。あの「かぼちゃ」にこだわり続け、それをひとつの小宇宙として描いてきた画家。

「世の中進みすぎて、これ以上、進化すると地球のいのちは大丈夫なのかと、心配になってきた。前に進むだけが進化ではない。いったん逆戻りする『退行進化』という選択肢があっていいと考えてね」

かぼちゃの形をした八角形のアトリエは、手づくり。完成させるのに三年かかった。その間、絵筆は置いて大工仕事に専念した。「業者に見積もってもらったら八百万円かかるという。それなら、自分で作っちゃえと思って……」

その間、収入はゼロ。「妻と子ども一人。何とか食っていけましたよ。かみさんは新聞の求人欄を見てましたけどね」

寡作《かさく》の人である。描けば右から左に買い手がつくのに、である。「作品の少なさと、アトリエの狭さは、世界一でしょう」。川原田さんの絵には、何ともこっけいな姿かたちをしたかぼちゃが大きな生命体となって描かれている。

なぜ、かぼちゃ？

「かぼちゃは非常に存在感があります。地球、宇宙、神……偉大な存在を象徴するには、かぼちゃは見れば見るほどイメージがわいてきます」

いま、制作中の一〇〇号の絵は、港まち・門司港の庶民の生活が丹念に描かれ、そこに住む人たちが生き生きした表情で迫ってくる。「かぼちゃの中では、人間も犬も石ころも等価。だから、すべてのものを克明に描く必要があるんです」

若いころから画家を志したわけではない。一九六三（昭和三十八）年に難関を突破して東京大学（理科Ⅰ類）に進む。といって、ガリ勉タイプではなかった。高校時代は、山岳部に所属。県代表としてインターハイで活躍した。

「東京に出て、改めて自分を見つめ直すと、空っぽの自分に気づきました」。「自分とは何か」を問い直す長い旅が始まった。六年間在学した末、門司に帰った。「道端の石ころや木の葉っぱも同じ生き物ではないか……。そう感じた時、素直な気持ちで絵筆が握れました」

「現実の世界が力を失ったいま、絵の中で生き生きとしたいのちある生活を描きたい」

近く、「空想建築事務所」の看板を掲げるつもりだ。また、一つ新しい肩書が加わる。

生きていたチンドン屋

若松川太郎一座
吉村敏幸さん（65）

名刺に「雪　月　花　艶　夢チンドンショー」と、ド派手な赤い文字が踊っている。「雪の様に清らかで、月の様に美しく、花の様に華やか。色気もあり、それに夢も与えます。これ、わが一座のキャッチフレーズです」

昔懐かしいチンドン屋。廃れてしまったと思ったら、どっこい、生きていた。市町村の活性化事業、商店街の売り出し、祭りのイベント……お呼びが掛かれば、夢と笑いを運ぶ。

「チンドン屋のだいご味？　それは何といっても、人との触れ合い。喜んでもらい、笑っていただける。そこに、ホッとした空気が流れる。苦労が、喜びとなって返ってくる瞬間ですね」

本業は、印章店の主。なぜチンドン屋まで？

「地元商店街の景気付けに、小倉のチンドン屋を呼ぶことになったんです。それが直前になって解散した。『なら、自前でやろう』と」

解散したチンドン屋の衣裳や楽器を譲り受け、一回限りの〝興行〟のつもりだった。それが予想外に受けた。マスコミも取り上げてくれた。思わぬ反響は、まだあった。「門司みなと祭りに出演して欲しい」。一九九〇（平成二）年のことだった。

　若松生まれの若松育ち。物心ついたころ、まだ石炭の積み出し港として、沸き返っていた。芝居好きの祖母に連れられ、劇場によく行った。目を閉じると、かつての繁栄ぶりが浮かんでくる。

「午後になると、沖仲仕の兄ちゃんたちが、銭湯にやってくる。入れ墨が見たくて、背中を流してあげると、ラムネをおごってくれた。芸者さんの水おしろいのニオイが好きな少年でした」

　一座も変遷を遂げてきた。演芸や民踊が好きな人が参加、一年で入れ替わった。いま、メンバーは、九人（女六、男三）。主婦、お好み焼き屋のおかみ、生け花の師匠、会社員とさまざま。年齢は三十代〜六十代。

　行政のイベント、総会のアトラクション、結婚式、商店街の売り出し——といろんなところからお呼びが掛かる。ステージでは、歌、踊り、寸劇、それにトークありとなかなかにぎやか。座長の吉村さん自らワゴン車のハンドルを握る。

「ボクらが頑張っていれば、きっと若い人たちが見直してくれる時代がくると思う」

九九（平成十一）年六月、吉村さんが音頭を取って、九州チンドン大会を若松で開いた。六チームが参加、にぎやかな音色と派手な衣裳で、不景気に沈む町の空気を吹き飛ばした。

「予算のないところは弁当代だけで結構。一方で、プロを育てるために、しっかりした仕事もやりたい」

多芸なるそば屋

映像作家
末松英人さん（46）

映像作家、フリーライター、イベント企画、そば屋の四代目……。いくつもの顔を持つ。「どれが本職かって？　十年近くは映画づくりに熱中したけど、カネが続かなくてね。いまは、物書きがメーンかな」

とはいうものの、映画づくりにこだわる。名刺の肩書きも「映像作家」。無理もない。十年間に十本の映画を自主制作。

アイデアマンである。主役の女性を公募し、派手なオーディションを繰り広げた。映画の主題歌、挿入歌を歌う女性も募集。オーディションのあとパーティーを企画、「参加した人は、ワンカット出られます」。軽いノリが受け、マスコミにも登場した。

東京の大学を卒業。一年半、サラリーマン生活を経験したが「性に合わない」と退職。七十年ののれんを誇るそば屋「奴」＝門司区広石＝を継ぐ。「そば屋のおやじで終わるのか」。そんな疑問がよぎったのは、三十路の声を聞くころ。

一九七九（昭和五十四）年、映画好きの仲間と自主制作映画集団「Ｅｉｇｔｙ　Ｐａｒｔｙ」

を結成。監督、脚本を担当、自らカメラを回した。その映画づくりは「楽しく、面白くあればよい」。ＳＦあり、ホラーあり、サスペンスあり。初のオーディションで主役を決めた「冴子」（八五年）は、福岡、北九州で公開。「シンデレラ狂詩曲」（八六年）「ファイナルメッセージ」（八七年）は、小倉で劇場公開した。

作品に流れるのは「笑い」。あのフーテンの寅さんの笑いが好きだった。「でも、日本の映画は必ず笑いと涙がセットになっている。私の作品は笑い飛ばして終わり」

九〇（平成二）年に十周年記念作品「もう一度Ｍｉｓｔｙ Ｌｏｖｅ」を公開以来、作品は途絶えている。その後は、カメラをペンに持ち替え、各スポーツ紙に人物ものを担当。西日本スポーツの「話題さん　アタッカー　末松英人」は週一回、三年間続いた。

書くことの難しさも味わった。「映画づくりの延長で『自分が楽しければ、読者にも喜んでもらえる』と軽いノリで書いたら、デスクに何度も突き返された」。「無理にふざけても面白くない。普通に書いてもいいものはいい」と指摘された。

文章だけでなく、映画づくりの姿勢までも問われているようだった。「文章を書くようになって、映画づくりの目も開かせてもらいました」

毎朝、そばを打ちながら、映画の構想を練る。

失なわれた時を求めて

むかし、炭坑《ヤマ》に唄ありき

飯塚市歴史資料館館長
深町純亮さん（72）

「筑豊は『ヤマの唄』の宝庫です。かつてヤマには、即興詩人が満ちあふれていました」

暗い地底での長時間労働。つきまとう落盤事故への不安。そんな苛酷な労働をいやしてくれたのが、炭坑唄だった。地の底からわき出るようにして名もない労働者によって作られ、歌い継がれてきた。

深町さんがこの二十年間に、自治体の資料や人づてに集めた唄は五百曲を超す。「年々風化するヤマの文化遺産を後世に残すのは、石炭の終焉《えん》をこの目で見てきた私たちの責務と思います」

一九四八（昭和二十三）年、麻生鉱業（現麻生セメント）に入社。最初は、単なる趣味で始めた収集だった。人事・労務畑にいたことから、宴会に出る機会が多かった。座敷には、必ずメモ帳と鉛筆を持参した。座が盛り上がると、炭坑唄が必ず飛び出す。芸者、仲居さんたちが披露してくれる中に知らない唄があると、残って教えてもらった。

「地底の労働に耐えながら『川筋気質』といわれる独自の気性と反骨精神。少々の苦労も笑いとユーモアで包み込む包容力。その唄の魅力にとりつかれてしまいました」

以来、当時を知る古老を訪ね歩く。「自腹を切って料亭に招待し『知っている限りの唄を教えて下さい』と頼み込んだこともありました」

炭坑唄といっても幅広い。選炭節、採炭節、発破節、ゴットン節……。小さな炭坑を経営していた一人の老人から聞いたゴットン節は、恋の唄だった。

〽卸底から吹いてくる風は　サマちゃん恋しと吹いてくる　ゴットン

「『ゴットン』は炭壁にツルハシを打ちつける時の音を擬音化したものです」

坑外に上がって焼酎を飲みながら、ハコ（トロッコ）待ちの間に車座になり即興で歌った。

「仕事の辛さ、苦しさを唄にぶつけていやす。庶民の知恵だったんです」

ピッケル片手に坑内を見回る職員がいた。が、面と向かって職員にたてつくわけにはいかない。

仲間同士の間でこんな唄が生まれた。

〽まわるばかりが　現場員なら　うちの三毛猫　現場員

六年前（九二年）から、飯塚市歴史資料館館長を務める深町さん。九七（平成九）年秋、長年かけて収集した「ヤマの唄」は、『炭坑節物語』のタイトルで福岡市の海鳥社から出版された。

「ヤマは滅びても、名もなき労働者の唄は、筑豊人の心の中に生き続けます」

生き生きと描く〝焼け跡〟

裏山書房（ヤマフク印刷）
山福康政さん（67）故人

グイグイと引き込まれていく、そんな素晴らしい本に出合った。福音館書店から二年前（九五年）刊行された『焼け跡に風が吹く』。舞台は戦中戦後の若松である。

敗戦時、十七歳。多感な少年の目を通し、ひたむきに生きた庶民の生活が活写されている。この種の本は概して、空襲の話や飢えに苦しむ「暗く」「重く」「辛い」面が強調されるケースが多かった。が、この本には、それがない。鋭い観察力と人間を見る優しい眼差《まなざ》しが読むものをなごませてくれる。

昭和庶民史とも呼べるその文章に、ほのぼのとした手書きの絵が添えられている。著者に無性に会いたくなった。

高塔《たかとう》山の近く、細い路地を入った古い家並みの一角、「ヤマフク印刷」の看板が目に飛び込んできた。その傍らに遠慮がちに「裏山書房」の小さな看板。どことなく映画「男はつらいよ」に出てくる〝タコ社長〟の印刷所をほうふつとさせる。自ら「印刷屋のおやじ」という山福さん、のっけから意外なことをおっしゃる。

「二十年前、脳血栓を患いましてね。右手が使えなくなったらメシの食い上げになる。筆を握ったのはリハビリのつもりだったんです」

最初に世に出たのは『ふろく』（草風館）。〈昭和庶民絵草史〉のサブタイトルが付いたこの本、東京で評判になった。あの五木寛之がこう絶賛している。「ロットリングという筆記用具で描かれた絵が実に魅力的。センテンスの短い、ごつごつとした文章に何ともいえないおかしさと現実感がある」

『焼け跡に風が吹く』は、昭和ヒトケタ世代が生きたあのころの日常が優しさとユーモアでつづられている。その中に出征兵士を送りだす絵がある。国防婦人会が楽団を編成。周囲がニコニコしながら兵士を送りだす風景だ。出版の際、若い編集者が尋ねてきた。「本当は皆泣いていたんではないですか」

「戦時下を体験していない人は、『暗く』『辛い』イメージを抱くが、実際はそうではない。どういう状況に置かれてもたくましく、したたかに生きてきた。それが庶民の知恵でもあるんです」

ヤマの記憶

稲築町教委社会教育課
上野智裕さん（33）

嘉穂郡稲築町平の小高い丘にある慰霊碑。その碑は、二十六年前閉山した山野鉱業跡の方角を向いてひっそりと立つ。

二百三十七人の犠牲者を出した山野鉱ガス爆発事故から三十四年。長い歳月は、あの事故さえ遠い記憶の彼方《かなた》へ追いやろうとしている。

「古老から、ヤマ（炭坑）華やかかりしころの話を聞いて回っています。町の歴史からヤマの存在は切り離せない。いまのうちに、記録しておかなければ……」

そう語る上野さんは、町教委社会教育課の文化財担当。三十三回忌の九七（平成九）年六月、写真集『ヤマとともに――石炭からのメッセージ』（町教委刊）を刊行した。

この写真集には、輝いていたヤマの生活が再現されている。炭鉱華やかかりしころの祭りや運動会。地域が一つにまとまった暮らし、そこから生まれる「ヤマの文化」が伝わってくる。

「稲築の子どもたちに『昔はこんなに元気がよかったんだよ』ということを伝えたい。地域の人たちが助け合いながら、立派な文化遺産を築いてきたことを」

かつて筑豊は、国内最大の産炭地としてその栄光を担ってきた。稲築町も、ピーク時の炭坑数七、人口は四万六千人を数えた。その歴史を知るヤマの男たちも年老いた。「一人、二人と亡くなっていくのがさびしい」

庄内町出身。山野鉱事故（一九六五年六月）の二年前に生まれた。大学で考古学を学び、卒業後は田川市教委で二年間、発掘調査を担当。その後、稲築町教委に採用された。

時間をつくっては、地域に出かける。ヤマの話になると、古老の目が輝く。地底からエネルギー源を供給してきた誇り。炭塵《たんじん》や汗にまみれながら命を賭けてきた連帯感……。漆黒《しっこく》の地底で働く人たちの生命力にひかれていった。

「あの事故で、無念の死を遂げた人たちのことを記録に残したい」。関係者を訪ね歩いた。坑内で、九死に一生を得た跡部義夫さん（71）から、恐怖の一瞬を聞いた。「俺も死ぬのか。残された妻子はどうなるのか」。薄れていく意識の中でそう思ったという。一酸化炭素中毒だった。約二時間後、意識が戻ると、周囲に同僚が倒れていた。

「地底に夢と希望を賭けたヤマの男たち。志半ばで倒れた人たちの生きてきた証《あかし》を」

上野さんの聞き取り作業は続く。

歴史の闇照らし続けて

平和資料館をつくる会
天本　旭さん（70）

神風特攻隊員の鉢巻き、息子や夫の無事を祈って縫った千人針……。戦争遺品の数々が、見る者の胸に静かに、そして深く迫ってくる。

小倉北区片野の古賀歯科ビル三階。２ＤＫの部屋にあふれ返った戦争遺品を前に静かに語る。

「北九州は、過去三回も原爆投下の標的に挙げられた町。それだけ軍事的に重要な施設が多く、軍拡に明け暮れた日本近代史の縮図のような町。そのことを市民に知ってもらいたいのです」

一九九六（平成八）年二月に発足した、平和資料館をつくる会の会員。北九州市に平和資料館の建設を訴えている。会員の歯科医が経営するビルを借り、資料の展示を始めた。訪れた人たちが寄託してくれた戦争資料は、あっという間に膨れ上がった。

「軍事施設など、当時の痕跡は年々、消え去っています。風化していくことが心配です」

そんな危機感を募らせたのは、九五（平成七）年。旧小倉陸軍造兵廠《しょう》の給水塔の取り壊しを知った時だ。「戦争の負の遺産でも、後世に伝えなければ」。取り壊しに反対する人たちが、抗議の座り込みをした。

小倉北区大手町一帯は、公園、公共施設など、市民憩いの場として親しまれているが、五十数年前までは、西日本最大の兵器製造工場だった。砲弾、銃器、高射機関砲、戦車の製造のほか、風船爆弾も作った。最盛期は工員、動員学徒など四万人が従事した。

戦時中、天本さんも学徒動員で小倉造兵廠の戦車組立て工場で働いていた。アメリカのB29が小倉造兵廠の上空に飛来したのは、一九四四（昭和十九）年六月十六日の夜。B29による日本本土初空襲だった。この空襲で小倉造兵廠で働いていた女子挺身隊、年少工員ら幼ない男女七十人が尊い生命を奪われた（「小倉造兵しょう史」）。

それらの建物は、戦後ほとんど壊された。兵器製造所があったことすら知らない人が増えた。「『造兵』を『造幣』と勘違いして『お金を造っていたんですか』と尋ねる人が結構いるんです」

人生で二度、頭が真っ白になるほどの衝撃を体験した。「最初は、敗戦。二度目は、カネミ油症訴訟の二審判決。国の行政責任を認めた一審判決が覆された時です」

六八（昭和四十三）年、西日本を中心に発生したカネミ油症事件。天本さんは七三（昭和四十八）年、油症患者に認定された。「弱い立場の患者同士が中傷し合う。裁判を通して、人間の醜い一面を見せつけられました」

全身のけん怠感でいまも入退院を繰り返す。でもじっとしていられない。日米防衛協力のための新指針を受けて、自治体や民間企業も協力を求められることになるからだ。

「いつか来た道への危機感は強い。その道とはどんな道だったのか。具体的に検証するのが私たちの仕事だと思います」

教育という名の戦後補償

「北九州市に夜間中学を実現させる会」代表
林　静一路《せいいちろ》さん（65）

「教師とは、怖い仕事だなあと思います。知らないうちに、多くの生徒を傷つけてきました」三十七年間の教職生活を振り返りながら語る。教師仲間や生徒との出会いを通して、自己変革をとげてきた。

一九五五（昭和三十）年、新人として、小倉北区内の中学校に赴任する。「意気込みばかりが先に立ち、一人一人の生徒が見えない高慢な教師でした」

「努力に勝る天才なし」を信条にしてきた。「できない子は努力が足りない。生徒のためにこんなに頑張っているのに……」。そんな思いで教壇に立っていた。

教師としての自信を粉々に打ち砕かれる事件が起きたのは、十三年後。別の中学に移ってからだった。被差別部落の子どもたちがたくさんいた。その子たちから、鍛えられた。「あんたは、オレたちの担任じゃなか。他人たい」。この言葉は胸に突き刺さった。

そんなころ、同和教育の研究仲間として戸田武彦さん（故人・前福岡県同和教育研究協議会会長）らと出会う。戸田さんからよく言われた。「一斉授業は差別につながるよ」。「教室の中だけで生徒を見るな。家庭に出掛けよ」と。

「被差別部落の子どもたちは、鋭く見抜いていた。口先だけで言っているのか。それとも、本当に自分のことを考えてくれているのかを」

一九八〇（昭和五十五）年に異動した中学で今度は、在日韓国人の男子生徒と出会う。その出会いは鮮烈だった。突然教室に外国人登録証を持ってきた。「韓国人といっても、誰も信じてくれないから」と。在日韓国人の生徒がいることに初めて気づかされた。

「在日韓国・朝鮮人には、選挙権もなく、学齢期になっても就学通知がこないこともその時、知りました」

教職の道に入って二十五年の歳月が流れていた。

九八（平成十）年五月、城野公民館（小倉南区富士見町）で念願のハルモニ（おばあちゃん）たちの識字学級「よみかき教室・城野」をスタートさせた。

戦中戦後の混乱などで、読み書きを学ぶ機会を奪われた在日韓国・朝鮮人のための教室である。そんなハルモニたちから「基礎から学べる夜間中学がほしい」との願いを聞いた。

同年十月。学校の教師や大学教授を中心に北九州市に夜間中学を実現させる会をつくった。

「〈夜間中学設置は〉教育における戦後補償なのです」

今年（九九年）六月の総会で、「夜間中学設置を要求する北九州連絡会議」（福教組北九州支部、部落解放同盟北九州地区協議会など四団体で構成）を結成させた。署名活動のほか、講演会の開催や市議会への陳情、請願に力を入れる。

よみがえれ、われらが市歌

コーラスグループ「コーロ・アモーレ」代表
内山昌子さん（58）

古里を愛する思いは、だれにも負けない。「栄町銀店街は、肩が触れ合うほどの人、人、人。日本の玄関口といわれた門司港の周辺は、貨物船が沖合で押し合うように待機していました」遠くを見るような目で振り返る。港の繁栄ぶりは内山さんの目にも焼きついている。そんな栄華を詩に託した旧門司市歌が三十六年ぶりに復活した――。

♫ 硯《すずり》の海の　深みどり　百千《ももち》の船の　行きかひて　内外《うちと》の文化　花と咲く　栄えはしるし　我が門司市

旧門司市制三十周年を記念して、一九三〇（昭和五）年につくられた。詞は市民から公募。その詞に「春の小川」「おぼろ月夜」で有名な作曲家、岡野貞一さんが曲をつけた。

「学校や市の行事では必ず口ずさんでいました。五十歳以上の方には、愛着の深い曲でした」歌い継がれたが一九六三（昭和三十八）年の五市合併を境に、すっかり廃歌に。その市歌が旧門司市制百周年の今年（九九年）、よみがえったのだ。

五月。旧門司三井倶楽部のホールに、叙情あふれるメロディーが流れた。歌ったのは門司北高音楽部の卒業生でつくるコーラスグループ「コーロ・アモーレ」。解散して三十五年。

内山さんらの呼びかけに、十六人のメンバーが各地から集まった。いずれも五十代後半から六十代。この日は、コーラス部を指導した音楽教師、栃木昌子さん（86）も指揮棒を振った。

「一時間足らずの練習で、混声は見事に揃いました。長い歳月を越えて一つになれるコーラスって素晴らしいですね」

一九五九（昭和三十四）年、門司北高を卒業、地元の百貨店、山城屋に勤めた。食堂のレジ係が長く、観光客から門司港の名所・旧跡について尋ねられることが多かった。独学で勉強、百貨店の窓から門司の街並みを紹介したこともある。二十三年間勤めた百貨店も五年前（九四年）に事実上、倒産した。

再就職の道は厳しかった。就職をあきらめ、市観光協会の観光市民大学を受講。四カ月の研修を経て、観光ボランティアの資格を得た。そんなころだった。みなと商店街振興組合が開いた栄町観光案内所を任される。レトロ観光が始まる四年前のことである。

コーラス仲間で、旧市歌を歌ったあと、喫茶店に懐かしい顔が集まった。昔歌った「灯火」「トロイカ」が口をついて出た。「再結成しようよ」。そんな声が上がる。

今年（九九年）六月、JR門司港駅二階ホールで、再結成に向けての練習が始まった。

現在《いま》と向き合う

往診――人に寄り添う

医師
植木　啓さん（76）

まだ現役の開業医である。往診カバンをぶらさげ、地域に出掛ける。「開業医と勤務医の違いは、診察室にこもらず、地域に入り込んでいくかどうかです。内科医は往診してこそ、価値がある」

昭和三十年代に、父の跡を継いだ。当時、内科の開業医として往診するのは当たり前だった。患者の成育歴、地域の環境、家族の病歴……。地域に出掛けることで、患者のカルテが頭に入っていた。「病人の悩みを聞いたり、お嫁さんの世話をしたり。文字通り、地域の世話役でした。医療費が支払えない人には、請求もせず、逆に身の回りの品を持参していました。信頼もされていましたよ」

効率、機械化……高度成長を機に、医療の世界も様変わりした。医師も診察室にいて、たくさんの患者を診ることが多くなった。その行き着く先は、医療不信であり、病気を診て人間を診ないという、現代医療の弊害であった。

父は偉大な人だった。自転車で往診に回った。本職の合間を縫って地域の先頭にも立った。警防団団長、戦後は公安委員長、西南女学院短大理事長などを引き受けた。「親父に一歩でも近づきたいとの思いでやってきましたが、なかなか越えられませんでした」。柔和な顔をほころばせた。

往診にこだわるのには、わけがある。父は百二歳で大往生した。亡くなる間際、家庭の事情から自宅で看取《みと》ることができなかった。畳の上での最期を望みながら、八割を超す人たちが病院で迎える現代の死。一分一秒でも延命させることに血道をあげてきた。たくさんの管につながれ、最愛の家族とのお別れもできないまま迎える孤独な死に疑問が深まった。

往診の実践を経ていま、がん末期患者の在宅医療に取り組む。がんの末期は、痛みとの闘いでもある。軽い時は普通の痛み止め、重い場合はモルヒネを使えば、九割の痛みは解決できるという。「私たちの医学教育は、なるべく麻薬は使うなと指導されてきました。上手に使えば中毒になることもない。WHO（世界保健機関）もそのマニュアルを出しています」

最近、胃がんの末期だった八十代の男性の在宅医療に力を注ぐ。牧師と共に精神的ケアを中心に関わった。この男性、亡くなる二日前、苦しい息の中植木さんの手を握って言った。「お世話になりました」。安らかな表情が印象的だった。

痛みを取り、残された時間を穏やかに過ごさせる在宅ホスピス。なのに、取り組む医師は少ない。

「精神的なケアが必要だからです。悩み、苦しみを共有し、同じ目の高さで診察することが要求されます。医師も覚悟がないとできるものではありません」

生活の中にボランティア

「庄内療育教室」ボランティア
永見かおりさん（21）

「ここに来ると不思議と落ち着きます。私を必要としてくれるからでしょうか」

永見さんの大きな目が輝いた。庄内町有安にある町立生活体験学校。広大な敷地に、生活棟、農耕場、動物舎、たい肥小屋が点在する。子どもたちは、薪でふろをわかし、動物と触れ合う。

この日は、小学生の通学合宿の入校日。一週間自炊しながら学校に通学する。合宿を陰で支えるのが、永見さんらボランティアの面々である。

「学校よりも、こちらの方が楽しい」。永見さんは、茶目っ気たっぷりに笑った。いま、福岡県立大人間形成学科四年生。

県立嘉穂東高二年の時、ボランティア部に入る。月一回の学校五日制が導入された時期。子どもは土曜日休みになっても、親は仕事を休めない。「障害児が、さらに社会から隔絶される」。部を指導する北村嘉一郎教諭（33）＝現・県英彦山《ひこさん》青年の家社会教育主事＝が奔走、筑豊教育事務所の仲立ちで、頓宮《とんぐう》昭二さん（68）を紹介された。

頓宮さんは、中学教諭を退職後も生活体験学校を借り、障害児の生活をサポートしてきた。

「動きが激しい子が多く、先生からの要請は願ったりかなったりでした」。こうして嘉穂東、稲築両高校の生徒が参加した「庄内療育教室」は一九九二（平成四）年九月にスタートした。

自閉症、ダウン症、脳性小児マヒ……。自分の世界に閉じこもる子。どうしたら、会話が成立するか。悩みながら考える。「笑ってくれた時はうれしかった。次はもっと頑張ろうって」

翌月。金曜日の夜から泊まり込み、高校生の「ボランティア講座」が始まる。講師は、地域の実践家。「高校生が社会人と出会う場はないですからね。刺激的でしたよ」。高校生同士、夜を徹して話した。突然、胸の内を吐き出す人もいた。《いじめられたつらい体験がある》《私も自殺しようと思ったことがある》

「自分の居場所がある、ということは大事なことなんですね」。永見さんらが育てた芽はいま大きく育った。筑豊地区の六つの高校によるボランティアネットワーク「ひこうき雲」として。

「『ボランティア』って言葉好きではありません。『さあ、やりましょう』。そんなイメージがあるでしょ。生活の一部としてやれたらと思います」。穏やかな顔だちに似合わず骨っぽい。

等身大の熱血先生

八児小学校教員
上野　正さん（43）

不登校、いじめ、学級崩壊……。学校を取り巻く現状は是正されるどころか、むしろその傷口を広げているようだ。

今年（九九年）四月から、教職二十一年目に入った。ベテラン教師の目に「子どもは変わった」と映る。「昔の子どもの方が元気だったし、活力もありました」

五、六年生を受け持つことが多かった。思春期を迎える直前の難しい年ごろである。揺れる心をつかみ、一人一人の子どもをどう理解するか。今こそ作文教育を大事にしたい、と思う。

大学生のころジャーナリスト、斎藤茂男さんの『教育ってなんだ』を読んだ。本に登場する熱血教師にあこがれた。「子どもにとってよい教師とは」。常にそう考えてきた。

新米教師のころ、先輩に誘われて組合主催の教育講座に顔を出す。日記、作文指導の実践報告をした先生の取り組みに感動した。

給食のおかずが食べられない、食の細い女の子がいた。クラスの仲間に励まされながら、好き嫌いを克服していく様子が描かれていた。子どもと取っ組み合い、そして成長していく姿がつづられていた。

とはいえ、上野さんの作文教育は順調にきたわけではない。むしろ、子どもとの関係が壊れたり、反発を受けたりの試行錯誤の連続であった。

「若い時は『こんな実践をすれば、子どもたちはこう変わる』と教師の方が勝手に思い描いてしまう。子どもに押しつけてしまうんですね」

失敗の中から、学ばせてもらった、と思う。いまでも、忘れられないほろ苦い体験がある。

十数年前、六年生を持っていた時のこと。冬休み明けに、暮らしの作文を書かせた。ある男の子の題は「テレビ・伊達政宗を観て」。この題を見て、思わずこう言ってしまった。「そんなくだらない題で書くなんて、やる気はあるのか!」

以来、クラスの子どもとの関係が悪くなった。「『よい作品を書かせよう』と技術的なことばかり考え、実は子どもの方を向いていなかったことに気づかされました」

以来、「作文は長い文章で詳しく書け」の指導を改めた。作文が苦手な子どもたちの短い文章でもその行間を読みとってやろう――に変わった。

昨年度(九八年度)は、八児小《やちご》(八幡西区)の五年生を受け持った。「作文の善し悪しではなく、子どもの要求や思いをどう読み取るかが大事なんです」

週に一度、子どもたちに日記を書かせる。いま風の文体もあれば、先生に話しかけるように、心の悩みをぶつける子もいる。

不登校児の居場所づくり

「スペース・トトロ」主宰
佐田正信さん（38）故人

「ここでは、それぞれが思い思いに好きな時間を過ごす。それがエネルギーを蓄えることになるんです」

二間続きの部屋では、子どもたちが、トランプ遊びに興じていた。七年前（九一年）に開村した「スペース・トトロ」＝直方市頓野＝は毎日、登校する必要はない。時々、電話を掛けてくる子や佐田さんと手紙の交換をする子もいる。不登校の小学生から、高校を中退した二十歳の青年まで、二十人が思い思いの時を過ごす。

「どこかでつながっていればいいんです。『学校に行くことがすべて』という考えに取りつかれている人たちのことを私は〃学校真理教〃と呼んでいます。まず、この学校至上主義を改めなければ……」

佐田さん自身、学生時代は優等生だった。就職も順調に決まった。一点のくもりもない、人生航路に転機が訪れたのは、二十四歳のとき。思いもよらない母の死。同族会社の内紛に巻き込まれた末の自殺であった。

長男の佐田さんは、期待を一身に背負ってきた。母の死後、責任感からそれまで以上に頑張った。一年半経ってエネルギーを使い果たし、会社に出社できなくなっていた。半年間、家に閉じこもる日々が続いた。「荒野にぽつんと置き去りにされた様な孤独を味わいました」

不登校の子どもたちにも共通する思いである。佐田さんを救ったのは、友人のひと言だった。「いまは、ゆっくり休め。ありのままの君でいいんじゃないの」。背伸びせず、等身大で生きて行こう。自然にそう思えるようになったとき、心が軽くなった。

食べていくため、家庭教師を始めた。そのなかに、不登校の子がいた。そんなころ、「東京シューレ」（ラテン語で学校の意）の奥地圭子さんに出会う。二十年の教職経験をもつ奥地さんも、わが子の不登校の前には無力だった。そこで気づかされたのは、子どもにプレッシャーをかけて、逆に追い込んでいた自分の存在だった。教職を辞めて、不登校生徒の居場所づくりを模索するうち「東京シューレ」は生まれた。

「学校に行かないことで、ひけ目を負わされるいまの社会こそ問題ではないか」。そう語る奥地さんの考えに共感を覚えた。その主張は、佐田さんが障害者問題と取り組む中で学んだことと重なった。

「障害者の自立を、といいながら健常者に近づける社会適応型の訓練を押しつけていた。障害者の視点から社会を変えていくことの必要性に気づかされました。不登校問題もその視点が欠けていたんです」

自由の風吹く公民館

穴生公民館長
山下厚生さん（59）

穴生《あのう》公民館事務所のドアは、いつも開け放たれている。入口の張り紙に〈ノックは無用。自由にお入り下さい〉。

「市民と職員との情報交換の場。お互い冗談が言える、お茶の間のような雰囲気こそが、運営のイロハだと思います」

子どもからお年寄りまで、自由に学べる活動拠点を目指す。「もう一つは、地域の課題にどれだけ応えられるかです」

八幡西区穴生地区。戦前、強制連行させられた在日韓国・朝鮮の人たちが多く住む。長年、貧困と差別に苦しんできた人たちから持ち込まれたのが「日本語の読み書きを学びたい」という、生活要求だった。

当時は、朝鮮民主主義人民共和国（北朝鮮）の核疑惑で、揺れていたころ。市教委の反応は「館長、深入りしなさんな」。「公民館は市民の学習権を保障する場。たとえ少数者の要求でも、受け止めなければ」

四年前（九四年）に開校したのが識字学級・青春学校。開校は学習権の保障だけにとどまらなかった。オモニ、ハルモニ（お母さん、おばあさん）と日本語の読み書きを指導する市民ボランティアが交流する中で、お互いの偏見を解いていく役割も果たした。「以来、秋の穴生まつりに参加、チマ・チョゴリで民族舞踊を披露してもらいました」

ハルモニの一人が青春学校の文集にこう書いた。《――畑仕事は種をまいて、ひりょうをやって、こまめに手をくわえれば実るものですが、青春学校で学んでも学んでも成果は目立って見えないものです。むずかしい。本当にむずかしい。きのう習ったかん字が今日忘れているんですもの》

一九五四（昭和二十九）年四月、八幡市役所（現北九州市役所）に入庁。市中央公民館に配属される。「公民館を町づくりの中心に」。当時の守田道隆市長は、公民館活動を最重点施策と定める。全国に先駆けて一九五一（昭和二十六）年、中央公民館を建設する。

山下さんも入庁から十三年の間に五つの公民館を異動する。五市合併後、思わぬ事態が表面化する。市が教育文化事業団をつくり、市内の公民館を管理委託、館長・職員の嘱託化構想が浮上する。「公民館の合理化」に対する反対闘争の先頭に立つ。報復人事が待っていた。一九七一（昭和四十六）年、小倉北区役所市民税課へ異動する。「長い冬」の時代の始まりだった。

二十二年ぶりに穴生公民館長として、公民館に戻ったのは一九九三（平成五）年。長い空白を埋めるようにユニークな事業を連発する。キーワードは、全世代に活用される公民館へ。「あそびの学校」「おやじ学級」「青春学校」など。

地域の文化、歴史を保存するため、郷土史委員を公募。一年半かけてまとめたのが郷土史『穴生の里』。これは発刊だけに終わらなかった。本に出てくる昔の遊びの伝承が「あそびの学校」へと結びついた。

「この仕事、やり出したら切りがない。逆に手を抜こうと思えば抜ける。怖い仕事です」

わたしの〝専業主夫〟体験

会社員
松倉勝一さん（33）

「勘弁してください。もう五年前のことですし……。お断りします」

粘る私に、電話の向こうから聞こえる声が、次第にイラ立っていくのがわかった。「いろんな所で、お話させて頂きました。でもこの間、男性の育児参加は進まず、物珍しさだけで見られてきましたから」

五年前（九四年）に、育児休職制度を利用して、四カ月間の〝専業主夫〟を体験した。物珍しさもあって、講演依頼が舞い込む。

「社会への理解、そして男も育児にかかわるきっかけになれば」と、体験を話した。それから五年。松倉さんの目には「物珍しい」状況は、変わっていないように映る。それが歯がゆい。が、無理もない。長引く不況。解雇、リストラのあらし。会社員にとって厳冬の時代なのだから。

育児休職制度をとるきっかけにもなった、鮮烈な体験がある。一九九〇（平成二）年、中東で起きた湾岸戦争である。当時、独身の松倉さんは、一カ月の休暇をもらい湾岸ボランティアに参加する。難民キャンプでの食事の世話をする中で、「死」に直面した。

「命のはかなさに気づかされました。一回切りの人生、大事に生きていこうと痛感しました」

帰国後、同じ職場の松恵さん（32）と結婚。待望の長男壮太くんが誕生する。妻が六カ月の育児休暇を取って、育児に専念した。二年後、長女百花ちゃんが生まれる。そのとき、松恵さんがふと漏らした。「あの六カ月はしんどかった。私も働きたい」

胸をつかれる思いだった。「パートナーである妻の人生も大事にしなきゃ、と思いましたね」。こうして、九四（平成六）年四月から松倉さんの〝専業主夫〟生活が始まった。

朝食をつくって、妻を送りだす。長男を保育所に預け、自宅に戻るとおしめ替え。ミルクを飲ませて、寝かしつけるともう昼の準備だ。それに、山のようにたまった洗濯もある。「目の回るような毎日でしたが、充実した日々でした」

育児の喜びも知った。「妻より先に、表情豊かなしぐさを目の当たりにして、新しい発見や感動をもらいました」

職場を長期間、留守にする不安はあった。それを吹き飛ばしてくれたのは、同僚からの励ましの電話だった。

育児休暇を取ろうか思案している人に何か？

「迷った時は、取るべきです。育児も『完璧を目指すな』と言いたい。気負うと長続きしません。土、日は主夫返上を勧めます」

甦る不用家電品

「早田電気」店主
早田長年さん（69）

粗大ごみといえば、邪魔ものの代名詞――。早田さんは、不用になったやっかいものの家電製品に手を加え、よみがえらせている。

門司区東本町の倉庫。中に入ると、あるある。テレビ、冷蔵庫、洗濯機、ビデオ、エアコン、はては自転車まで……。

最近、社会問題になっている、冷蔵庫やエアコンに使用されるフロンガス。地球を紫外線から守るオゾン層を破壊するやっかいな代物だ。これら粗大ごみのフロンの大半は、回収されずに大気中に放出されているのだ。

早田さんは、各家庭から不用になった電化製品をこつこつと回収する。回収し修理された不用品は、開発途上国に送られ二度目のお務めを果たすのである。使い捨て社会に無言の警鐘を鳴らしているようだ。

「ちょっと手を加えれば、まだ立派に使えるものばかり。物のない時代に育った私から見ればもったいなくて……」

これが不用品？　と首をかしげたくなるほどの冷蔵庫やテレビが並ぶ前で、早田さんは語る。魚介類を積んで下関港へ入港した朝鮮民主主義人民共和国（北朝鮮）の漁船。空になった船倉に冷蔵庫や洗濯機、自転車を積んで帰る。それも十台、二十台ではない。荷受けの貿易商社を通じて、まとめて百台単位で注文してくると言う。

求めてくる機種で、その国の生活の一端が垣間見えると言う。例えば、洗濯機。ロシアの船員は、全自動ではなく、二槽式の旧型を注文する。日本のように上水道が整備されていないからだ。敗戦の時が十七歳。物がない時代に育った早田さんにとって、簡単に物を捨てることに抵抗がある。「今でも、折り詰め弁当はふたについた米粒から食べます」

一九六二（昭和三十七）年、門司区錦町で家電販売の店を開いた。七〇年代に加速した大量生産、大量消費の社会。家電の販売も大型店に太刀打ちできなくなった。そんなころ、インドネシアや中国から入港した貨物船の船員から「中古の白黒テレビを分けてほしい」の注文。スクラップ業者を回り、簡単に集めることができた。

七五（昭和五十）年から、全面的にこの仕事に切り換えた。大型ごみの回収を有料化する自治体が増えるにつれ、品物の集まりが悪くなった。

ここ四、五年は、ロシア、北朝鮮などからの注文が多いという。北朝鮮の船員と接してみると、厳しい国の内情が肌でわかる。「衣料品など、できるだけ集めて贈るようにしています」

親たちの〝子育て学〟

「乳幼児子育てネット・ひまわり」代表
砂野加代子さん（34）

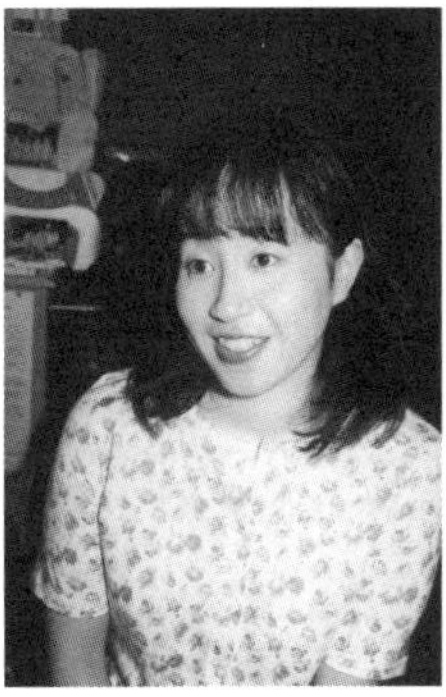

サラリーマンに転勤はつきもの。慣れない土地での生活に、家族の戸惑いは大きい。砂野さんも連れ合いの転勤で二年前（九七年）滋賀県彦根市から北九州市に引っ越してきた。

長男の転校、二男の入園。それに、生後四カ月の長女がいて、新天地での生活は不安だった。やがて同じ年ごろのお母さんと顔見知りになる。そこでの会話は、子ども、夫の話が中心だった。「みんなに会うことで妙に安心したりの毎日でした」

そんなある日、立ち寄った絵本専門店の掲示板にくぎ付けになる。

〈地域で、みんなで、子どもを見守っていきたい……。子育ての相談をする人が欲しい方もどうぞ〉

「学習会に参加してみて、みんな求めているものは同じなんだなあと思いました」

砂野さんは、彦根時代「こころの子育てインターねっと関西」の設立に関わった。地域の子育て環境が年々悪化する中、若い母親への支援だけにとどまらず、子どもと一緒にふれあい、学び合い、共に育ち合うネットワークづくりに力を入れた。

そのころ、北九州市でも子育てのネットワーク化の動きが出ていた。砂野さんが参加した学習会は、そのネットワーク旗揚げの準備会でもあった。

席上、司会者が「インターねっと関西」が出版した『みんなで子育てQ＆A』を紹介した。砂野さんもその編集スタッフだった。

「感動しましたね。全く知らない土地での不思議な出会いがうれしくて」

砂野さんは、ネットワークづくりの輪に加わった。九八（平成十）年五月、北九州市に旗揚げした「乳幼児子育てネットワーク・ひまわり」である。

人と人がつながって、そこから何かが生まれる。よく、風と土と水に例えられる。「風」は外からタネを運んで来るもの。「土」はその土地の人、地域。「水」は行政であったり、支援者であったり。

とりわけ転勤族の砂野さんは「風」として、これまでの経験のタネを運ぶ役割を果たした。でも砂野さんは、最近はこの三つは別々のものではないと考えるようになった。

「だれでも、風にもなれるし、土や水にもなれる。『ひまわり』は『ひまわり』なりに地域に根ざした歩みを続けることが大事だと思います」

更生――社会への里帰り

福岡県更生保護会会長
川畑民夫さん（79）

「更生に向け頑張る彼らを、温かく見守って」

小倉北区鋳物師《いもじ》町にある更生保護施設「湧金寮」。身寄りもなく、行き場のない人を預かる。根強い社会の偏見。「犯罪者」のレッテルが、社会復帰にブレーキをかける。「幼くて両親と死別するなど、家庭的に恵まれない人が多い。でも更生して、立派な経営者になった人もいます」

保釈→犯罪→刑務所。そんな悪循環を断つには、社会の協力が不可欠である。見かねた宗教家や篤志家が手を差し伸べたのが始まり。お寺に寝泊まりさせ、更生の手助けをする。

篤志家らによって、湧金寮が設立されたのは、一九一七（大正六）年。敷地は借地で、立ち退きを迫られていた九二（平成四）年、川畑さんは施設を運営する県更生保護会会長に就く。「彼らにとって、施設は最後のよりどころ。ぜひ、存続を」

土地の買収には、約八千五百万円かかる。「半分は私が出す。残りは協力を」。他の役員や保護司に協力を求め、土地の買収を実現させた。

刑務所と更生施設を行き来すること十七回。窃盗専門で、人生の大半を塀の中で暮らした七十四歳のお年寄りがいた。人生のたそがれが近づき、最後に望んだのは、老人ホームでの平穏な日々だった。保護司が掛け合い、市内の老人ホームが引き受けてくれた。寮を出る直前、川畑さんは、この小柄な老人に会った。薄幸な男の半生を聞くうち、思わず涙がこぼれた。

母は、ばくち打ちの父に愛想を尽かして出ていった。三歳の時、同じばくち打ちだった親戚に預けられる。やがて、食事もろくに与えられなくなる。生きるため、盗みをした。

湧金寮ではいま、十八人が社会復帰を目指している。とはいえ、この不況。おいそれと職が見つかるわけではない。

川畑さんが小学二年のころ、父が鹿児島刑務所の副所長をしていた。その父がよく言っていた。「窃盗犯の半分以上は『改心します』と言いながら悪の道から足が洗えず苦労している」

戦後間もなく、妻の操さん（77）と一緒に八百屋と魚屋を開く。大八車を引いて、下関まで買い出しに行った。蓄えた資金を元手に一代で料亭・旅館を経営するまでに。

友人の大半を戦争で失う。川畑さんも四十歳の時、大病を患う。妻は医師から「覚悟してください」と告げられたが、奇跡的に回復する。「生かされた命。亡き戦友の霊を慰めるためにも、世の役に立ちたい」

料亭・旅館は三人の息子に任せ、社会への恩返しに全力投球の日々だ。

「山谷」そして東ティモール……

修道女・医師
亀崎善江さん（75）

インドネシアからの独立を求め、内戦状態が続く東ティモール。新田原聖母病院＝行橋市東徳永＝内科医の亀崎さんは、医療ボランティアとして毎年現地を訪問している。今夏も二週間滞在した。国土は荒廃し、マラリア、結核、皮膚病が猛威を振るっていた。

お疲れになりませんでしたか？

「いつも逆に元気をもらって帰ってくるんですよ。日本が遠い昔に失ってしまったものがいっぱいあるんです」。修道院長でもある亀崎さんはにこやかに笑った。

夜。南十字星の美しさに言葉を失った。戦争孤児たちの目の輝きにも感動した。

亀崎さんは九七（平成九）年、産業医科大（北九州市八幡西区）で「死生観」について講義した。医師の卵を前に、死が日常と隣り合わせの東ティモールについて語った。死期が迫った結核患者の死に立ち会った時の話をした。自宅で妻にみとられながらの静かな死。両手を胸で組み、穏やかな表情が印象的だった。医療機器に囲まれた病院での孤独な死が日常となった日本。「文明の発展とは何ぞや」。そう問いかけたくなる光景であった。百四十人の学生が書いた感想文に

「第三世界に身をささげたい」「ぜひ医療奉仕したい」……そんな内容もあった。

長い人生誰しも、一度や二度の転機がある。亀崎さんの場合、一九八四（昭和五十九）年の東京の「山谷《さんや》」体験がそれだった。きっかけは、三十一年間情熱を注ぎ込んできた神奈川県横須賀市の修道院の閉鎖があった。意気消沈していた時、机に置かれたカトリック新聞に目がとまった。山谷のことが報じられていた。「なぜか、素直な気持ちで『山谷へ行ってみよう』と思いました」。当時、山谷の人たちは都立城北福祉センターで診察を受けていた。

肝硬変で腹水のたまった人、栄養失調で足の腫《は》れ上がった人、アルコール依存症……。多くは企業から解雇された労働者や地方から出稼ぎに来て寂しさのあまり酒におぼれていった人たち。弱い者同士が支え合い、懸命に生きようとする姿に胸を打たれた。

「彼らの魅力は、この世のあらゆる虚飾を必要としなくなった人の透明さといえばいいのでしょうか」

わずか八カ月の体験だったが、それまでの三十数年の病院勤務が色あせてしまうほど、新鮮で、濃密な日々だった。

二十歳の時、洗礼を受け、今も朝に夕に祈りの時間を持つ。「私の父は八十六歳まで、現役の開業医でした。私もあと三年は頑張りたいですね」

奈落に灯を照らす

北九州越冬実行委員会
奥田知志さん（34）

今年（一九九八年）四月。小倉北区勝山公園の植え込みの中で、男性の遺体が見つかった。年齢八十歳。公園をねぐらにする路上生活者（ホームレス）で、病死だった。ひっそりと息をひきとったまま一カ月半が経っていた。近くに北九州市役所や市民会館があり、市民の憩いの場での孤独な死だった。

「ショックでした。勝山公園で隔週ごとに、おにぎりの炊きだしや健康相談などの援助活動をしていたのに……」。路上生活者を支援するボランティア団体、北九州越冬実行委員会の奥田さんの顔が曇る。メンバーは牧師、学生、会社員ら十五人。今年（九八年）実行委は、発足十年目を迎えた。

実行委の調査では、北九州市内の路上生活者は約百三十人。一時その数は減ったが、不況に伴う倒産やリストラの嵐で増加していると言う。「元炭坑夫や製鉄下請けの労働者が多く、半分以上は日雇い労働者です」

産炭地の記録作家だった、故上野英信の著書『追われゆく坑夫たち』（岩波書店）にこんなくだりがある。〈……職を奪われ、地上で生きる権利と希望のいっさいをはぎとられた農漁民、労働者、部落民、囚人、朝鮮人……それぞれの時代と社会の十字架をせおった者たちが、たえるまもなくこの筑豊になだれおちてきた〉

「ヤマの灯が消えたいま、職を奪われ追い出された人たちを吸収しているのが、都市の日雇い労働なんです」

関西学院大学に入学した年の一九八二（昭和五十七）年、先輩に大阪・釜ケ崎へ連れていかれた。その日の仕事にあぶれた労働者が道端にあふれ、公園には、野宿の人たちが横たわっていた。「その時の印象は、『昼間からブラブラしている怠惰な人』『公園で寝ても平気な変わった人』でした」。大学院を卒業するまでの六年間、釜ケ崎に通ううち、最初の印象はもろくも崩れ去る。そんな枠ではとらえきれない「人間の豊かな表情があった」。

いつも路上に座ったままの老女がいた。ある日、どうやって生活しているのか聞いてみた。「仲間が食事を運んでくれている」とその老女は答えた。弱い者同士、支え合って生きていることを知った。

一九九〇（平成二）年四月、信徒の要請で、東八幡キリスト教会の牧師に。教会には、激励の電話と共に、誹謗、中傷もある。「偽善はやめろ。やるならマザーテレサのように、財産をなげうってやれ」

いま、ホームレスのお年寄りがつぶやいた一言が耳に残る。「この世に生きてきた証もないまま死に、そして忘れ去られていくことがつらい」

無縁仏になった路上生活者を弔うことの大事さに気付かされた。九八（平成十）年六月、勝山公園で追悼集会を開いた。その年に亡くなった三十五人の霊をなぐさめるため、奥田さんが一人ひとりの名前、出身地、思い出を語った。集会に参加した約百五十人のホームレスの仲間は静かに聞き入った。

がんに寄り添う。死と向き合う

北九州がんを語る会代表
浜口　至さん（73）

浜口さんは、日本バプテスト連盟の牧師さん。がん患者やその家族から電話が入る。乳がんで左乳房を切除した女性（52）からの電話に浜口さんは胸をつかれた。

「退院して自宅に戻ると、主人は私と寝床を別にしました。余りのショックで、うつ病になってしまって……」

別の乳がん患者（50）は、退院して自宅に帰ると、夫の態度が変わっていたと言う。やがて、離婚話を持ち出された。「いつ再発するかわからないし、離婚したくない」

重い心の内側を見てきた浜口さんは言う。「がんを通して日ごろの生き方を家族が試される。一枚岩になるか、それとも家庭が崩壊するか」

熊本県宇土市出身。敗戦の前年、広島の船舶通信隊に入隊。原爆が投下された一九四五（昭和二十）年八月六日、爆心地から四キロの船舶兵団司令部にいた。救護隊の一員として爆心地に入る。炎と煙の中、ヨロヨロと歩く人の群れ、路上に折り重なる遺体。「地獄絵図でした」

復員後、就職先もなく、土木作業員、炭坑労働者など、ありとあらゆる仕事に就いた。一九五六（昭和三十一）年七月、急性肺炎で最愛の息子を失う。可愛い盛りの四歳だった。「子どもとの死別が、人の『生と死』を考える原点になりました」

自暴自棄になり、酒におぼれる日々が続く。一九六三（昭和三十八）年妻と離婚。長女は中一、二女は小四の時だった。「このままでは、息子に申し訳ない」。友人の勧めもあって教会をのぞいた。四十六歳で、伝道師の道を歩み始める。がん患者やその家族の相談を受けたのもそのころ。牧師になったのは五十九歳の時。

会設立は七年前（九〇年）。死を目の前にした人々に寄り添い、その言葉に耳を澄ましてきた。「助けてくれー」。苦痛と恐怖のなかで亡くなった末期患者を何人も見てきた。「日本の医療は長年『治す医療』に重点を置いてきたため、治る見込みのない末期患者に対し、なすすべを知らなかった」

苦痛を取り除くことで、残された人生をその人らしく生きられるよう応援する「緩和ケア病棟（ホスピス）」の設置を会として北九州市に要請。市は、二〇〇一年をめどに設置を約束した。「ホスピスは、病気だけではなく、患者の精神的な痛みや家族の悩みなどすべてを包括する全人的医療なんです」

医療を患者本位に変えていく一つの流れになるかもしれない。

身障者への〝敷居〟下げてみた

美容師
川原 章さん（40）

目からウロコ、とはこんなことを言うんだろうか。いま、振り返って川原さんはそう思う。一九九六（平成八）年秋。車いすの若い女性の口からついて出たひとこと。「おしゃれはしたいけど、入りづらくって」

この訴えを聞いた時、ハッとした。体が不自由な自分さえ気づかなかったとは……。しばらく、自責の念にかられた。そして、この秋。この女性の願いを実現させる美容室の支店「シャワー」を飯塚市目尾《しゃかのお》にオープンさせた。

明るく、広い店内に段差はない。車いすでも入りやすいよう、入り口のドアは横開きにした。トイレの広さは、普通の三倍。車いすの人が利用しても十分、回転できる。身障者用の駐車スペースも確保した。「それまでは、見栄えのいい店づくりを考えていました」

でも、これで十分とは思っていない。「スタッフが心を込めたサービスをすることで、お年寄りや身障者に高かった敷居をもっと低くしたい」

二歳の時だった。自宅近くで遊んでいて、無人のトロッコにはねられた。その事故がもとで、右足を切断。物心つく前から義足生活を送った。「多感な少年時代と違い、気づいた時はそれが当たり前になっていました。おかげで、卑屈にもならなかった」

それでも、小学校二、三年生のころだったか。母と一緒に入ったふろ場で「何でこんな体になったの」と責めたことがある。「母の悲しそうな顔が、いまも目に焼きついています」。その母も、二十五年前に他界した。グチを言ったのは、ただの一度だけ。その後は、前向きに生きてきた。

高校三年の進路を決める間際まで、歯科技工士になろうと思っていた。「技工士なら人と接することなく、一人でこつこつできる仕事ですから」。知らず知らずのうちに、消極的になっていた。そんな彼が、友人の勧めで美容師専門学校の道に進むことになる。

いまでは、三店の美容室を持つグループ「ウィズ」のオーナー。建設関係の仕事をしていた弟徹さん(34)も十三年前、仲間に加わった。

「お客さんが喜ぶ表情が目の前で見られる。私にとって天職だと思います」。堂々とこう言えるようになった。二十人のスタッフには、手話をマスターしてもらい、店には点字の書物も置きたいと思う。「将来は、お年寄りや体が不自由な人の送迎が出来るようになったら最高です」。夢は幾重にも広がる。

ペット社会に異議あり

美容院経営
浜岡睦美さん（49）

部屋に入ると、一瞬たじろいだ。交通事故に遭い前足がない猫。白内障で失明した犬……。浜岡さんは、飼い主に捨てられたり、事故に遭い置き去りにされた犬、猫十二匹と共に生活している。いずれも、人間の身勝手な行為で不幸を背負わされたペットたち。

「そんな動物を見ていると黙っていられなくて……。いつの間にか増えてしまいました」

浜岡さんの傍らに、前の両足がくの字に曲がった雑種犬「サンタ」が不安そうな表情で寄り添う。

四年前（九三年）のことだった。若松競艇場の近くを散歩中、目の前で野良犬が車にはねられた。車には六十代の夫婦が乗っていた。いったん停車したあと、走り去ろうとした。驚いた浜岡さんは「病院に連れていって！」と叫んだ。血まみれになった犬は、道路上にぐったりしていた。それが「サンタ」だった。

両足を十二針縫うけがだった。病院の帰り、浜岡さん宅に寄ったそのドライバーは言った。「元々、野良犬だから、三日たったらはねた現場に戻しに行きます」。仕方なく面倒をみることになった。

熊本生まれの若松育ち。小さいころから動物が好きだった。犬、猫、鶏、ハト……いつも身近に動物がいた。「お互い、助けたり助けられたり」の関係であることを自然に学んだ。二十三歳の時から飼っていた愛犬「ゴン」を心臓マヒで亡くす。十七歳の大往生だった。「生き物は必ず死ぬ。それがつらくて、もう飼うのはやめようと思ったんですが」と笑う。

それにしてもマナーが悪い飼い主が多いのに腹が立つ。「おもちゃ感覚で飼い、飽きたらポイと捨ててしまう。共同生活をしてるんだから、最期まで面倒をみてあげないと」

浜岡さんにとって思い出深い猫がいる。一九九四（平成六）年六月。自宅のすぐ裏を走るＪＲ筑豊線で列車にはねられた。病院に運んだ。一命はとりとめたが、事故の後遺症で体の後ろ半分はマヒしてしまった。

退院後は、浜岡さんが引き取った。犬猫用の紙おむつをつけ、一日一回、お腹をしぼり出すようにして排便を手助けしてやった。前足二本で器用に歩いた。けなげに生きようとするその姿は感動的だった。が、九六年十一月、尿毒症でこの世を去った。

美容院を開院して二十六年。「よくそこまで面倒みられますね」というお客に笑ってこう言う。

「独身だから……。でも愛情をかければかけただけ、それに応えてくれるんですよ」

〝出逢い〟支え続けて

結婚相談所経営
河野玲子さん（59）

かつて、女性誌でもてはやされた「三高」。独身女性が相手に望む、高学歴、高収入、高身長のことだ。「これは余りにも皮相的なとらえ方。若い女性はもっと、深いところで、相手を見る洞察力があります」

良き出会いをサポートする結婚相談業「ＭＳＥサロン・マリアージュ」＝小倉北区船場町＝を開いて十年。最近、痛感するのは、若い女性が輝いていることだ。結婚を永久就職とは、考えていない。「一人で生きていける力を身につけています。自己を磨くための投資も怠りない。すてきな女性は価値観の合う、人生のよきパートナーを求めているんです」

対する男性。何と旧態依然とした考えが多いことか。こんな男性がよく訪ねてくる。三十過ぎて親元離れ、マンション暮らし。一人で生活してみると、炊事、洗濯、掃除……何もできない。母親同伴で駆け込み「だれかいい人いませんか？」

「これでは、すてきな出会いどころか、同じ土俵に上がることも出来ません」。男性改造の「花むこ講座」を企画したことがある。が、受講希望者がいない。「受講して欲しいと思う人に限って、高学歴を自慢し『ぼくには必要ありません』。肩書を捨てたところに男の魅力があるのに」

東京の短大を卒業し、ファッション雑誌の記者に。取材で出向いた映画会社・大映の宣伝課長に声を掛けられた。「君も応募してみないか」。大映の十四期ニューフェースに合格する。同期に渚まゆみさん、先輩に若尾文子さん、藤巻潤さんらがいた。結城千里の芸名をもらい、演劇研究所に通う。三年間で、二十本の作品に出演した。

「すきっ腹にパンをかじりながら、スターを夢見たあのころ。すてきな出会いに彩られた私の青春でした」

十三年前（八五年）、小倉北区で画廊喫茶を開く。店には魅力いっぱいの男女が訪れた。なのに、出会いの場がないのか、独身が多かった。見合いをセットしてみた。結ばれた時の喜びは大きかった。「今度は、私が出会いの場をつくってあげる番」と結婚相談業に乗り出す。

いま、力を入れてるのは、中高年の出会いの場。「年老いた両親を介護し、はたと気づいたら五十代になっていたという男女もたくさんいます」

それに、連れ合いとの離婚、死別。そんな四十代から七十代までの中高年の出会いの場「カサブランカ倶楽部」を三年前（九五年）につくった。四十代からの男性九十人、三十代後半からの女性百二十人。二カ月に一回、パーティを開いたり、春と秋のバス旅行を計画、自然な出会いの場を提供している。

「今後も人と人との素晴らしい出会いに、喜びを見いだしていきたい」

心と心つなぐ歌

ヒューマンバンド「願児我楽夢《がんじがらめ》」
宮崎　保さん（48）
山中　貢さん（48）

今年（九九年）六月。「願児我楽夢」のメンバーは、苅田町・南原小学校体育館のステージに立っていた。児童、教職員、父母ら七百人が集う南原小の人権学習会。オープニングは、いじめやいのちの尊さをアピールした曲「だいじなものは　なんやろう」で始まった。

「反差別」の思いを自作の曲と、さりげない語りに込める。最近、全国各地の人権学習会やイベントに呼ばれる機会が増えた。年間約百回のステージをこなす。五人の平均年齢四十六歳の〝おじさんアマチュアバンド〟。

続いて奄美大島出身でメンバーの一人、宮崎裕之さん作詞・作曲の「クルシュ・ヌ・ハブラ（黒潮の蝶）」のメロディーが流れる。

〽黒潮渡る蝶よ　お前は心ひかれ　ハブラ　青い海原　珊瑚の島をすて　海を越えて飛んで行く　何を夢見て　飛んで行く

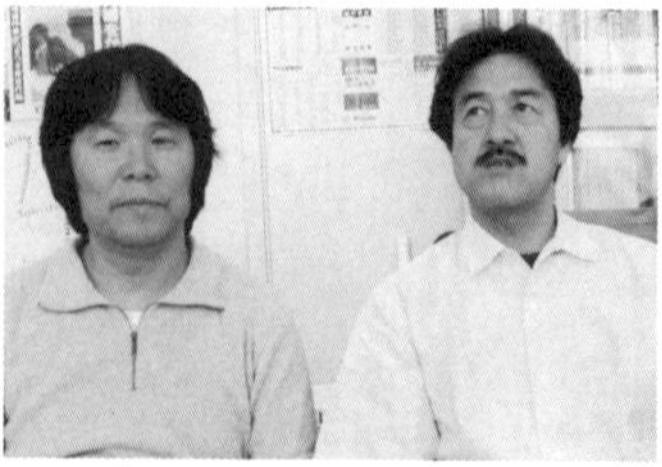

（右から）山中さん、宮崎さん

島差別の現実や生まれ育った島への思いを歌う。間に語りが入る。メンバーが大事にしているメッセージを込めて……。

戦時中、わからない島の方言を話すと〝本土〟の人々から、スパイとみなされた。島の方言を使うことを禁止させられた話。戦後も〝本土〟では「朝鮮人・琉球人、下宿お断り」の札が下がった悲しい現実……。

「コンサートだけならだれでも出来る。出会った人たちをつなぎ、点から線へ、線を面にしていくのがボクらの仕事」

バンド結成は、四年前（九五年）。小倉北区の被差別部落に生まれ育った宮崎保さんは、地区の青少年の心を育てるものを探していた。その行き着いた先が音楽だった。「『荒れた心』を楽しい音楽で何とかしたい」。そう思った宮崎さんは、アマチュアバンド歴の長い山中さんに相談した。心当たりの人間を寄せ集めて即席のバンドを作った。

二年前（九七年）。宮崎さんの自宅に一枚のファクスが届いた。ハンセン病患者が入所する鹿児島県鹿屋《かのや》市の施設で、ボランティアをしている人からだった。いわれのない差別に苦しむ人たちの思いが切々と迫る内容だった。最後にこうしたためられていた。「この詞にぜひ曲を作って、歌ってくれませんか」

出来上がった曲が「時の　響きて――聞き書きによるバラード」

〽「らい」予防法によって　私たちは　強制的に　ここに連れてこられた　天刑病と恐れられ
　家族から引き裂かれ

鹿屋市の母と女教師の会の集会で初めて歌った。その会場に大粒の涙を浮かべながら、曲を聞くハンセン病患者の姿があった。メンバーも歌いながらもらい泣きした。

そんな二人は笑いながら言った。「活動を通して、ボクらでは背負いきれないものが返ってくる。それを一つ一つ受け止める根性がないとやれませんね」

打ち破れるか〝葬式仏教〟

禅宗「仏母寺」住職
小畑文修さん（50）

宗教界への風当たりが強い。〝葬式仏教〟と揶揄《やゆ》されるのはその表れか。高くて、不明瞭な戒名の値段にも庶民の不満はくすぶる。

宗教が、生身の人間の悩みにどれだけ寄り添っているか。そこが問われているのではないか。「仏教界にも危機感はあります。その時代に生きる人々に受け入れられてこそ、その時代に生きる宗教となり得ると思います」

禅宗・黄檗《おうばく》宗、仏母寺＝小倉北区寿山町＝の住職である。一宗教家には背負いきれない重い課題。とはいえ、つい辛口の質問をぶつけてしまうのは、現代人が心のよりどころを失い〝さまよえる時代〟を迎えているからにほかならない。

一方で、八百万《やおよろず》の神と仏壇の中の仏様が同居するのが、一般的な日本の家庭である。こうした傾向は寺の経営にも微妙な影響を与えているという。「純粋なお布施だけで寺を維持していくのは困難です。みんなそれぞれ努力しています」

高校卒業時、祖母に「寺を再興してもらえないか」と熱望される。先祖が代々維持してきた寺は、小倉・小笠原藩の菩提寺《ぼだいじ》、広寿山福聚寺《ふくじゅ》の下寺である。小畑さんは、一九六七（昭和四十二）年に大分県中津市から小倉へ。「踏み入れてびっくりしました。本堂のワラぶき屋根は一部朽ち果て、青空が見えてました」

祖父や父の代から培《つちか》った檀家をそっくり継承したわけではない。廃寺の復興。文字通りゼロからの出発であった。まず、大学に進学する。それも仏教系ではなく、一般大学へ。その間、本山のある京都府宇治市の萬福寺で講習を受ける。卒業と同時に、資格試験を受け、住職の資格を取る。

二十五歳。檀家はゼロ。人生経験も浅い。三年間はサラリーマンを経験しながら〝二足のわらじ〟を履いた。「やはり、しっかりした副業がないと寺を維持するのは不可能と思いました」

一九八二（昭和五十七）年から、葬儀社を営む。仏教界では冷ややかな目で見られた。「お寺でもうけ、葬儀でもうけている」と。以来、何かと注目される存在になった。十年前、「葬儀はお寺で」と呼び掛け、北九州仏事連合会を発足させた。「心のこもった葬儀を低料金で」。このキャッチフレーズが受けて二十の寺が連合会に参加してくれた。

「かつては、地区の集まりごとがあると、お寺が会場になっていた。そんな求心力のあるお寺にしたい」

その一つとして、いま考えているのが、お寺と檀家の距離を縮める「寺報」の発行だ。禅宗への質問コーナー、お盆、お彼岸の由来などわかりやすく伝えたい、と思う。

「生きている人に、どれだけ生きがいを与えられるか。そこがこれからの宗教界の課題です」

ペットブームの後始末

遠賀保健所・
動物保護指導員
野村抄子さん（42）

電話が鳴る。「野犬がうろついている。何とかして！」。野村さんは、遠賀保健所の狂犬病予防員、動物保護指導員。要請のたびに、出動する。犬の捕獲に取り組む野村さんの背に、心ないば声が飛ぶこともある。「あんたたちゃあ、いい死に方はせんばい」

こんなこともあった。「隣の犬は、鎖につながれたまま、えさも与えられず放置されている」。飼い主宅に駆けつけると、独り暮らしのお年寄りが「孤独な死」をとげていた――。

世はペットブームである。その一方で、心ない飼い主による捨て犬があとを絶たない。二万五千頭――。毎年、福岡県内で安楽死させられている犬の数である。「いくら野犬を捕獲しても、賽《さい》の河原のようなもの。飼い主のマナー向上に取り組まなければ……」

悩んだあげく、地域に出掛けることにした。町内会の集まりを利用して、動物のしつけやマナーについて話をした。狂犬病予防員、動物保護指導員として、嘉穂保健所に赴任した一九九三（平成五）年のことである。

そんな地道な実践が「ワンワンネットワーク」として九八（平成十）年秋、実を結んだ。遠賀・中間地区で、子犬を譲りたい人、子犬が欲しい人に登録してもらう。双方の情報を仲介し、一頭でも多くの子犬の命を救うのがこのネットワークの趣旨だ。

「登録をしてもらうだけでなく、飼い主を対象にした『しつけ教室』も開校しました」

山口大獣医学科を卒業。一九八〇（昭和五十五）年に、県職員に採用された。就職難だった。まだ、男女雇用機会均等法の施行前のことで、女性への就職差別が根強く残っていた。ある企業を受験する際こんなことを言われた。「十年間は、結婚しないと確約してくれ」

「当時、募集要項に『男性のみ』とか『男性が望ましい』という自治体も結構ありました」。県に就職したのは、「女性でも、生涯続けられる仕事がしたかったから」

入庁と同時に、筑紫野市にある食肉衛生検査所に勤務。屠《と》畜《ちく》場で解体された牛、豚の内臓や頭部などを検査して、病気の有無をチェックした。八六（昭和六十一）年から四年間は、久留米保健所の食品衛生監視員として働いた。

「動物保護指導員になってみて、動物のことを知らなさすぎる自分に気づかされました」。一念発起して、家庭犬のためのインストラクター養成講座を受講する。米国人訓練士の講座だった。

「従来の日本の犬のしつけは、叱ってしつけるやり方でした。米国のしつけは、犬のよいところを引き出してやる方法で、目からうろこが落ちるような講座でした」

犬を一方的に訓練するのではなく、人間と動物が楽しく暮らすためにはどうすればよいか。講座に一貫して流れる姿勢は「人間と動物のよりよい関係」づくりだった。

いまでは、野村さんのライフワークのテーマでもある。

和食に帰ろう

自然食レストラン「養玄」
高畑康子さん（57）

自然食レストラン「養玄」＝八幡西区折尾＝を九三（平成五）年にオープンさせた。周囲の反対を押し切っての開店には、大きな志がある。

「戦後の五十余年の間に、これほど食生活を欧米型に変えた国はない。先人の知恵の結晶である和食にかえろう」

欧米型食生活の行き着く先は、肥満、成人病、がんの増加であった。高畑さんらが解説した伝統和食の料理法は英訳され昨年（九七年）、米国の出版社から刊行された。「ヘルシー・ジャパニーズ・クッキング」。肥満、成人病に悩む米国人に好評で、書評誌でも紹介された。

六歳の時、台湾から大分・香々地《かかぢ》町に引き揚げてきた。食の宝庫の台湾から、これまで体験したことのない食料難の生活に。古根イモの雑炊を来る日も来る日も食べた。「料理の先生になって、おいしいものをたくさん食べたい」。多感な少女の夢だった。

当時、地区の冠婚葬祭には、炊きだしに出るのが習わし。病弱の母に代わって高畑さんが出た。近所の主婦からほめられるとうれしいからまた行く。料理のレパートリーは自然に広がった。高校二年の時には、主婦を相手に月二回料理指導するまでになっていた。

大学では、栄養学を専攻。地元の中学教師になってからも、ボランティアで教えた。結婚後、一九六七（昭和四十二）年、北九州で料理教室を開く。昼と夜に分けるほど生徒は集まる。世は高度成長のまっただ中。肉や脂肪、乳製品の多い欧米型の食生活に変わっていく。教室も華やかな西洋料理を主に指導した。

そんなころ東京の開業医、森下敬一医師の書物に出合う。「成人病が増えたのは、肉などの過食で血液が汚れるから。先人の知恵である伝統的な和食を見直そう」。森下医師の考えに共鳴した。教室の指導も、西洋料理から、日本古来の和食に転換させる。

その反動は大きかった。三百人いた生徒は、五分の一に激減する。残った人と、細々と古来の伝統食を広める運動を進める。生徒の減少で空いた時間は、各地の講演に奔走。和食への見直しを説いて回った。

「最近は食品を手に取って、添加物、保存料の有無をチェックする主婦が増えました」

自然食レストランでは、油、動物性たんぱく質、白砂糖は一切使わない。油はケシの実、ゴマ、松の実、白砂糖の代わりに、ハチミツ、黒砂糖を使う。食材は未精白の穀物、豆、海藻、無農薬野菜が中心だ。「日本の台所から世界へ向けて〝食〟について提言していきたい」

九八（平成十）年六月には、米国で二冊目の英訳本も出版された。

古着に生命《いのち》吹き込む

リフォームアドバイザー
岩見照美さん（58）

タンスの奥深く、眠っている古着。岩見さんの手にかかると、いま風のスーツやジャケットによみがえる。研ぎ澄まされた感覚、それに工夫が施され、新しい命が宿るのである。

八年前（八九年）。岩見さんは大病をし、病室の天井を見つめる日々が続いた。そんな折、ふと考えた。「この繁栄は、いつまでも続かない。リフォームの時代がきっとくる」。世は、バブル景気に酔っていたころだ。

公民館で、古着のリフォーム教室を開講すると、予想を上回る三十五人が集まる。四年前（九三年）のことだ。「着物をたくさん持っている方が『娘や孫の世代になると、活用できず捨てられてしまうのではないか』。そんな不安から参加された人もいました」。先見性と行動力。その秘密の源は、少女時代にさかのぼる。

「高校に進学できなかった悔しさ。それが、その後の人生のバネになりました」。今では想像できない、貧しい生活だった。九人きょうだいの四番目。すぐ上の兄が、大学に進学したこともあり、授業料を払う余裕はなかった。高校進学を断念し、父の友人が経営する洋裁学校へ。「進学したくて三日間、自宅で抗議のハンストをしました」
気持ちの切り替えは早かった。一年間、洋裁学校に通う。その後は助手として学校に残り、洋裁の基本を学ぶ。学校では学べない社会勉強も重ねた。「自分のために、妹が犠牲になったと思ったんでしょう。すぐ上の兄がよく面倒をみてくれました」。「とにかく、いろんな本を読め」が口ぐせだった。九大に進学した兄和生さん（故人）は月に一度、岩見さんを博多に呼んだ。絵画展や音楽会、それに歌声喫茶にも連れていってくれた。多感な時代に読んだ『風と共に去りぬ』。逆境に立ち向かう、主人公・スカーレットがつぶやく「明日がある」。この言葉を座右の銘にした。

岩見洋裁研究所＝戸畑区東大谷＝を開いたのは二十五年前（七二年）。「何事にも手を抜かない」がモットー。たとえば、子育て。自宅を研究所にしたのもそのためだ。「子どもは親を選べない。『お母さんの子でよかった』といわれたかった」。二人の子どもの衣服、おやつも手作りに徹した。医師になった長男孝景さん（33）の結婚式。花嫁のウエディングドレスは岩見さんの手作り、息子のタキシードのベルトや蝶ネクタイは、夫政一さん（62）の古ネクタイから作った。

岩見さんのリフォーム教室は、単に技術を教えるだけではない。物を大切にすることを通して、人生をより豊かに、その知恵を学び合う生き方教室なのだ。

ますます華やぐいのち

夢を売りつづけて

宝くじ立ち売り
立野　雪野さん（80）故人

「おばちゃん、十枚ちょうだい」

「私が生まれる前から売っているんですね」

小倉北区魚町。行き交う人たちが、気さくに声を掛けてくる。庶民の夢を売り続けて五十二年。きょうも銀天街入口のいつもの売り場に座る。

この場所で〝立ち売り〟を始めたのは、敗戦直後の一九四五（昭和二十）年九月。焼け跡に闇市が立ち、目の前の道路を馬車が走っていた。国民の夢は「おいしいものを腹いっぱい食べたい」。そんな耐乏時代に、一等賞金十万円。組み立て住宅千五百円、白米一升七十円の時代であった。高額賞金もさることながら、副賞の綿の布やたばこが話題になった。「金より物」。当時の世相を反映していた。

一九五一（昭和二十六）年、会社勤めだった夫が、七歳、三歳の二人の息子を残して病死する。その息子たちを立派に育て、いまは、なじみのお客さんとの触れ合いを楽しんでいる。「『くじが当たった』と報告にきてくれる時が一番うれしい」

今年（九七年）四十九歳になる下の息子が中学二年の時、こんなことがあった。息子に売り場を任せて、用事を済ませに行った。戻ると、息子が不満げな顔でいる。聞くと「売り場に座っているのを、同級生に見られて恥ずかしかった」。この時ばかりは、厳しく叱《しか》った。「この仕事で、生活させてもらっているのに、なんて事をいうんだい！」

この話には、付録がある。息子が売ったうちの一枚から全国宝くじの一等賞金五百万円が出た。後日、このくじを買った男性会社員が「息子さんの学資の足しに」と一万円を包んで持ってきた。三十五年前のことである。

根っからの楽天家。少々のことでは、へこたれない。八〇（昭和五十五）年、がんの手術という人生最大のピンチにも二カ月半休んだだけで、再び売り場に戻った。九六（平成八）年十月には、隣家火災で類焼の被害に遭う。深夜だったため、着のみ着のまま焼け出された。かろうじて七千枚の西日本宝くじだけは持ち出せた。路頭に迷い、相談に行った市会議員は「だれかがしてくれるでしょ」。無性に腹が立った。

かつて、二十人いた魚町周辺の〝立ち売り〟も六人に。「辞めてのんびりしたら」という息子たちにこう切り返す。「売り場に出たら風邪も引かん。私に引退はない」と。

「もう一度、裸一貫出直しです。ハッハッハ」。立野さんは、屈託なく笑った。

私の卒業証書

自分史『わが青春』著者
岩松小夜子さん（62）

「何度も読み返し、涙がこぼれました」

自らの半生をまとめ自費出版した、自分史への友人の感想である。『わが青春――ほほ笑む花のように』。

つたない文章ながら読むものの心をとらえるのはなぜか。厳しい家庭環境にめげず、ひたむきに、明るく生きた半生。また、それを陰で支えた隣人愛、師弟愛に人は共感するのだろう。

もう一つ、秘密がある。五年前まで、ほとんど字が読めず、書けなかった。極貧の幼少期で、農繁期は子守りに追われ、小学校は休みがち。中学校も卒業していない。

字が書けないことで「死ぬほど、苦労した」のは鉄道弘済会（現キオスク）に入ってから。計算、伝票の整理、同僚への申し送り。字を書く機会は多い。「何度も死のうと思った。同僚には『指をけがしたから、代わりに書いて』とごまかす、卑屈な人生でした」

一九九四（平成六）年八月。偶然、見たテレビにくぎ付けになる。鉛筆を握りしめ、字を習うお年寄りの姿……。在日韓国・朝鮮人一世のための、日本語読み書き教室「青春学校」を紹介していた。

ボランティアの人と、二人三脚で「字を取り戻す」闘いが始まる。すでに五十七歳。「『勉強がしたい』と思った時が学齢期よ」。そう励まされた。「字を覚えてから、胸を張って歩けるようになりました」

自分史には、素晴らしい恩人が登場する。ひもじい時、食べ物を分けてくれたお隣の「荒木のおばあちゃん」。

学校の弁当の時間はつらかった。昼食時は、運動場にいた。グラウンドに棒切れで「ごはん、ごはん」と書き、空腹をまぎらした。それを知った担任の江藤先生が、机の中に弁当を差し入れてくれた話。住み込みで働いた化粧品店の「ごりょんさん」には、立ち居振る舞いから、着物の縫い方まで教わる。

字を獲得していくことで、素直な感情を短歌に託す喜びも知った。

自分史の　できてうれしき　春迎ふ

一昨年（九七年）「中学卒業程度認定試験」に挑む。英語、理科はパスしたものの数学、国語、社会は不合格だった。「何年かかってもいい。合格して、定時制高校を受験しようと思っているんです」

でも、本当の卒業証書は、学校からもらうものじゃない。自分で見つけるものだ。岩松さんが歩んできた半生は私たちに、そう教えてくれる。

車いすの青年マスター

喫茶「トゥモロー」
能方 寿徳《ひさのり》さん（19）

今川沿いに、のどかな田園風景が広がる。その一角に、喫茶「トゥモロー」＝行橋市東大橋＝の小さな看板。周囲は、田植えシーズンの真っ盛りで、この看板がなければ、見過ごすところだった。

車いすのマスターは、いたずらっぽく言う。「はやらない喫茶店のあるじになるのが夢でした。三十歳までに、本当にやりたいことを探します」

九七（平成九）年春、北九州養護学校（小倉南区）高等部を卒業して開いた。卒業前に北九州あゆみの里で、現場実習も体験した。仲間と働くのもいいが、重い脳性まひの体では、限界がある。

「少しでも自立しながら、友達と触れ合う場が欲しい」。両親と相談し自宅横に、住居兼喫茶店を新築してもらった。

生まれて間もなく、脳性小児まひと診断された。母岸子さん（50）が辛い宣告を受けた時、競輪選手だった父威徳さん（56）は国内を転戦中。

「(寿徳の)手術の時も私一人。大変な時はいつもいませんでした」

九七(平成九)年春から、福岡県立大学(田川市)の聴講生になった。週一回、社会福祉学概論を学ぶ。「友達が欲しかったんです」。とはいえ、健常者には当たり前のことが、何十倍もの苦労を伴う。指の力が弱く、筆記が出来ない。隣の人に講義ノートを頼む。

通学も大変だ。行きは、母に車で送ってもらう。帰りは、平成筑豊鉄道を利用する。田川伊田駅から美夜古泉《みやこいずみ》駅まで、四十分足らずの「小さな旅」。

ある日、列車の中でトイレに行きたくなった。人の助けがいる。勇気を出して、近くの人に声を掛けたが、断られた。めげそうな気持ちを振り払い、別の人に頼んだ。若い男性は一瞬、困惑の表情を浮かべたが、引き受けてくれた。うれしかった。手伝ってもらったことより、人に頼むことが出来たことの方がうれしかった。岸子さんは感慨深げに振り返る。

「すっごく晴れやかな表情で帰ってきました。『人に頼めたら、自分が出来たと同じことなのよ』。小さいころからそう教えてきましたから」

九七年秋。列車で博多へ行く途中、悔しい思いをした。車いすで普通学校に通う小学生同士の会話が聞えてきた。「養護学校には、程度の低い子が行くんだよ」。怒りより、悲しかった。

「いずれ世間に出て、障害者と自覚した時、苦しむのに……」

と同時に「その考えは違う」と言えなかった自分が情けなかった。

障害を越え、いま学究の徒に

九大大学院
人間環境学修士課程
佐藤香代子さん（48）

「学校」とは？　「学ぶ」とは？

佐藤さんと話していて、ふと考え込んでしまった。

三十一歳であこがれの定時制高校へ、三十五歳で大学の夜間部に入学。そして九八（平成十）年春、九大大学院人間環境学修士課程へ進む。

先天性脊髄分裂という重度の障害を持つ。立つことも、歩くこともできなかった。義務教育は就学免除された。物心ついた時から、一日中家の中で座って過ごす。初めて教室のいすに座ったのは、十七歳のとき。足の治療のため入所した施設に養護学校の分校が併設されていた。その分校の小学六年生に編入する。生まれて初めて見る外の世界だった。

両足手術と補装具による松葉づえ歩行の訓練を受ける。情熱あふれる若い教師とも出会った。教科だけでなく、詩や文章を書くこと、それに英語まで教えてくれた。

「いい詩だ。もっと書いてみたら」「君は理解が早い、教えがいがある」

義務教育を受けていない劣等感で、コチコチになっていた気持ちが、この言葉でほぐされていく。「と同時に、心の奥底に沈澱していた『学びたい』という欲望がふつふつと沸いてきました」もっと学びたい、との思いを残して十九歳で施設を退園する。松葉づえの身に、職業による自立は厳しかった。何度か転職する。一大転機は二十八歳のとき訪れる。「おっかなびっくり自動車学校の門を叩いたんです。教官は『重い障害があって大変だろうけど、一緒に頑張ろうね』といってくれました」

人の心を温かくし、勇気づけてくれる言葉の重みを知った。「三十過ぎて、働きながら定時制高校と大学の二部に八年間通えたのは、車の免許と、あの言葉があったからだと思います」

身体障害者用に改造した愛車で、一時間半かけて大学に通う。

「教育を受ける前の私は、無感動、無表情だったと思う。学校に通いだして、私という人間を初めて認めてもらった。眠っていた感動がよみがえるようでした」

人との出会いに感謝する。少しでも世間にお返しできれば、と思う。そのひとつが、夜間中学校設置運動。「さまざまな理由で、未就学、義務教育を奪われた人々がまだ、たくさんいます。関東、関西には、そんな人たちのための夜間中学はあるのに、九州には全くないんです」

九八（平成十）年十月、有志で「北九州市に夜間中学校を実現させる会」を発足させた。

うつむかぬ生き方

元教師
宮嶋千鶴子さん（81）

文章を書く動機は、人によって違う。宮嶋さんの場合、娘の死であった。一九九七（平成九）年、自費出版した『心の風景』。そのあとがきでこうつづる。

〈じっと考えていると、涙、涕《なみだ》、泪《なみだ》、だから文章教室で書きためた拙《つたな》い文章をまとめることにした〉

宮嶋さんの長女洋子さんは、一九九六（平成八）年五月十三日、病院のベッドで息を引き取った。享年五十三歳。がんによる、二十年は早い旅立ちであった。

娘を思い泣くかわりに、毎日原稿用紙にむかった。書きながら昔の日々が走馬灯のようによみがえった。宮嶋さんは、洋子さんが小さい時から教職についていた。ある日、本人がつけていた日記をみて胸をつかれた。

〈お母さんの子どもより、お母さんの生徒になりたかった。生徒にはやさしいんだもん〉

「共働きのため、子どもを犠牲にしてきた。にもかかわらず、幼いときから我慢することに慣れ、ぐちひとつ言わない子でした」

大分県中津市の出身。子どものころからわんぱくで、鼻っ柱の強い子だった。小さいときから、絵を描いたり、文章を書くことが好きだった。

三十九年間勤めた小、中学校教諭を八〇（昭和五十五）年に退職。「肉体は老いても、心に老いはない」。七十歳の時、世界最高峰のヒマラヤ山麓《さんろく》トレッキングに挑む。参加した十六人の中で最高齢だったので、みんなが心配してくれ、宮嶋さん専属のシェルパを付けてくれた。おかげで、マイペースで登ることが出来た。

エベレスト街道沿いのナムチェバザール。標高三千五百メートル前後の高地だ。インド国境に面した少数民族にも出会った。風呂もトイレもない生活。日本が遠い昔、失ってしまった大事なものを再発見する旅でもあった。八八（昭和六十三）年八月。その体験を『ヒマラヤ山麓ビスタリ・トレッキング』にまとめ、初めて自費出版した。

退職と同時に、カルチャーセンターに通う。そこでたくさんの人と巡り合う。教職時代には味わえなかった別の喜び。絵画教室で登山仲間と知り合う。その出会いが、ヒマラヤ・トレッキングへとつながった。

退職後は、夫勝良さん（86）の尻をたたいて旅に出た。海外はスペイン、フィンランド。日本国内は沖縄を除いてくまなく回った。必ずスケッチブックを持参。旅で感じたことや思い出をメモに書き留める。

「娘に先立たれ、何もする気になれませんでしたが、そろそろ再始動しようかと思います」

書くことでまた、新たな好奇心がわいてくるに違いない。

車いすの視座から

フリーライター
中原　保さん（50）

毎朝四時に起きる。たっぷり二時間かけて、新聞を隅から隅まで読む。心に残った記事は、切り抜く。新聞の送り手側から見ると、何ともうれしい読者である。と同時に怖い存在でもある。天気のいい日は、自宅の周りを散歩する。「あの日から、名もない花や道端の小石を見ても、素直にいとおしいと思えるようになりました」

あの日とは、急性膵《すい》炎で倒れた十一年前（八七年）のこと。手当てが遅れたこともあって、二カ月間昏睡状態で生死の境をさまよった。健常者から車いすの身障者になってすべてが変わった。まず、物を見る視点が変わった。健康だったころ、何となく見過ごしていたことにも、感受性が鋭くなった。車いすの視座から、ほとばしる思いを新聞の投稿欄にぶつけている。調べものをするためよく図書館を利用する中原さん。最近、こんな投書が紙面を飾った。《車いすの身障者やお年寄りがより使いやすい図書館づくりを心掛けて欲しい》

生死の境をさまよったことで、思わぬ体験もした。臨死体験である。

「沼か川みたいなところを歩いていました。水辺の向こうにピンク色の蓮の花が咲き乱れていました。そのはるか向こうに亡くなった祖母が立っているんです。『保、こっちに来たらだめよ！帰りなさい』と、大声で叫んでいました」

中原さんの祖母は、十六年前に九十三歳で亡くなっていた。

全共闘世代で、学生運動にも関心が強かった中原さんは、唯物論的な考えに近かった。「その私が、観念的で一番嫌いな夢を見たと思っていました」

夢なら、すぐ醒《さ》める。が、この〝夢〟はなぜかいつまでも脳裏に刻まれていた。ちょうどそのころ、立花隆さんの取材を受ける。九一（平成三）年三月にNHKスペシャルで放映した立花さん監修のドキュメンタリー「臨死体験――人は死ぬ時何を見るのか」。この番組は、大反響を呼び臨死体験ブームのはしりとなった。

リハビリを兼ねて、その体験をワープロに打った。書きためた原稿は、四百字詰めの原稿用紙で約四百枚。立花さんの目に止まり、発病から五年後の九三（平成五）年に文藝春秋社から『わたしの臨死体験記』として出版された。

「病気する前と後では、人生観が大きく変わりました」。父が経営していた料亭・旅館を継ぎ、ゆくゆくは地方政治家への野心を抱いていた。

「いま振り返るとつくづく思いますね。健常者のころは、何と高慢な生き方をしてきたかと」

これからも身障者の目で、気づいたことを新聞に投稿していくつもりだ。

娘が遺した伝言《メッセージ》

「ちいさな風の会」
羽山千佳子さん（54）

――もう、私のまわりだけ、酸素がうすい／身体が少しずつ、自己コントロールからはずされる／早く来て！　こわいよ／手足が、クサリにつながれたみたいに動かない／――誰かお願い／私を、私を死なせないで！

十二年前（八六年）、十七歳で逝った最愛の娘が生前、ノートにつづった詩の一節だ。娘の死後、遺品を整理していて見つけた。難病と闘い、忍び寄る死と向かい合う日々。悲痛な叫びにも似た詩を読み返すたびに、涙がこぼれた。「ここまで不安な気持ちでいたとは。その胸中を思うとつらくって」

そんな思いを、少し楽にしてくれた詩も。

――暗い闇をてらす光となって／私はここにいるよって、そう知らせたい／せめて、あなたにだけは気付いていてほしい

初恋の相手をひそかに思う詩。「友達が娘の思いを、彼に伝えてくれました。彼もバラの花束を持って駆けつけてくれましたが、娘の意識はもうありませんでした」

羽山さんの長女亜紀子さんは、一九八六（昭和六十一）年七月十三日、病院で息を引き取った。消化器系の難病だった。二度の入退院を繰り返し、最後の四カ月間は意識が戻らないまま力尽きた。

娘の部屋はまだそのままにしている。色あせたリップクリームが歳月を感じさせ、いや応なく現実に戻されるという。

八八（昭和六十三）年に、子どもを亡くした全国の親たちでつくる「ちいさな風の会」に入会する。同じ境遇の人たちと出会い、少しずつ心が癒《いや》されていった。

瀬戸内寂聴さんが京都・嵯峨野に建てた「寂庵」も訪ねた。本堂に行く途中、穏やかな表情のお地蔵さんが目に止まった。「『娘もきっと、こんな姿になったのかなあ』。そんな思いで眺めていたら不思議と心が静まりました」。お地蔵の制作者を探し当て「ほほえみ地蔵」をつくってもらい、自宅の庭に安置した。「子どもに出会えたような気持ちです」

昨年（九七年）夏、十三回忌を迎えた。「短い生涯を精いっぱい生きた娘を誇りに思う。娘から教えられた『いのちの尊さ』を多くの人に考えてもらいたい」

そんな思いから、娘の追悼を兼ねた集い「いのちをいとおしむ」を企画した。九八（平成十）年九月、澄み渡る秋空のもと、小倉北区大手町の女性センター・ムーブは五百人の参加者でいっぱいになった。集いでは、子どもを亡くした親たちの会「ちいさな風の会」世話人で立教大学講師の若林一美さんが講演でこう呼び掛けた。「親を失うことは過去を失うこと。子どもを失うことは未来を失うこと。この会は子どもを亡くした親たちが心の羽を休める止まり木です」

わが「おふくろの山」

画家
敷田一男さん（70）

帆柱連山、とりわけ皿倉山に魅せられ三十二年。その集大成として、九八（平成十）年六月「帆柱百景五百点完成記念展」を八幡市民会館で開いた。

「東田方面からながめた皿倉山頂が、亡くなったおふくろのイメージと重なるんです」

第一号は一九六六（昭和四十一）年七月、春の町（八幡東区）から描いた皿倉山だった。製鉄、社宅跡、それに廃校の小学校、公民館……。消えゆく町の風景とふるさとの山を重ね合わせてきた。九七（平成九）年七月、河内貯水池からのぞむ皿倉山の風景で「ふるさとの山・おふくろの山」シリーズは五百作を達成した。「鉛筆を握ると、お袋のことを思い出してジーンとくるんです」

その母はがんで、五十二歳の若さで逝った。興行師の父は生活費も入れず、遊び回る人だった。「苦労の連続だったのに、母は少しもへこたれない。あの山のようにデンと腰の据わった人でした」

敷田さん自身も、絶望の底から何度もはい上がってきた。八幡製鉄（現新日鉄）の職員として採用されたが五六（昭和三十一）年、労災事故で左腕を失う。「このまま終わりたくない」。失意の病床でそう思い直していた。

病魔にもとりつかれた。七四（昭和四十九）年に脳血栓・糖尿病で八年間の闘病生活。退院後は前にも増して絵の世界にのめり込む。九〇（平成二）年には、心臓病に糖尿病を併発して、地元の病院に入院したが、病床からのぞむ山を描き続けた。九七（平成九）年九月、今度は大腸がんと診断され、三回目の入院。でも、へこたれない。「山を描いているとなぜか落ち着くんです」

絵との出合いは、小学三年生の時。近所の建物の天井に色彩豊かな花や仏像が描かれていた。「毎日その絵をながめては、『ぼくもあんな絵を描きたい』と思っていました」

四コマ漫画から始めた。「のらくろ」の漫画で有名な故・田河水泡に「弟子にして」と手紙を出す。「女性の弟子がいる」と断りの手紙が届く。小学校を卒業するころだった。その女性が、故・長谷川町子と知ったのは後のことだった。

「ふるさとの山」シリーズは、五七七作にのぼる。二〇〇〇年には今昔の公共施設と帆柱連山を描いた「帆柱百景の世界」の企画を予定。展示した作品は、公共施設に寄贈したいと言う。

「『おふくろの山』を描き続けながら、生涯を終えられたら本望ですよ」。笑顔を浮かべて言った。その顔は、亡き母を思う息子の顔だった。

障害児文化に架ける橋

「文化屋かたいあ」店主
永吉信介さん（53）

何事も、プラス思考で受け止める人である。それを物語るエピソードがある。十七年前（八一年）、生まれたばかりの二男がダウン症とわかった。悲嘆に暮れる妻雅子《すが》さん（51）に言った。「健常児と障害児の二人の子どもを持てたのは、ラッキーなことだよ。全く違った人生体験ができるんだから……」

「何と冷たい人」。当初、批判的だった妻が最近変わった。夫の言葉をしみじみとかみしめている。「二倍の苦しみは、二倍の楽しみとなって返ってきた」と。

九七（平成九）年七月。永吉さんは、養護学校の知的障害者が作った陶芸品を販売する店を開店させた。「彼らの本当の姿を知ってもらいたかった。それには、気楽に寄ってもらえる拠点が必要でした」

店といっても、自宅の車庫を改造したものだ。内装は近所の人や仲間が、手伝ってくれた。店名は「文化屋かたいあ」。「かたいあ」は、長崎の方言で「語り合い」の意味。

これまで障害者の作品は百貨店で一週間、それもチャリティーバザーの不用品感覚の安価で販売されていた。「彼らの作品が、普通の商品としてどこまで通用するか試してみたかったんです」

開店間もなく、熊本市の女性から電話があった。何でもいいから二万円分の商品を送ってくれという。無性に腹が立った。「商品を見もせずに、おめぐみのつもりなんでしょう。こちらからお断りしました」

八幡養護学校のPTA会長を引き受けて今年（九八年）で三年目。本職の印刷業は仲間に任せ、トレードマークの作務衣《さむえ》姿で、学校に顔を出す。子どもと付き合いを重ねるうち、疑問がわいた。何気なくつかっている「障害」という言葉は、改めるべきではないか。

「表現力の乏しい彼らは、身振り手振りで必死に訴える。それをこちらが理解できないだけではないのか」

かつて近所でこんなことがあった。二男が学校での雑草を抜く作業で、ほめられた。自宅周辺でもほめてもらおうと頑張った。それが思わぬ騒ぎになった。近所のプランターのチューリップを引き抜いてしまったのだ。謝りに出向いた永吉さんは、近所の人たちと話し合った。表側に置いていたプランターは、裏側に移してもらうことで解決した。

「話し合うことで理解が深まった。最近は何かあると、近所の人が声を掛けてくれるようになった」。「生活の仕組みをほんの少し変えてもらうだけで、この子たちは地域で生活できるんです」

音楽が育てた教育哲学

元音楽教諭
竹森正貢さん（59）

九八（平成十）年三月、三十四年間勤めた県立嘉穂高校を定年退職した。一度も異動しないいま定年を迎えるのは、異例なこと。異動の声が上がるたびに、地域の人たちが放さなかった。
この間、吹奏楽部、コーラス部を指導。全国吹奏楽コンクール出場十四回、金賞五回の輝かしい成績を残す。私立の場合は、才能ある特待生を採れるが、県立はそうはいかない。入部する生徒のうち経験者は三分の一。残りはドレミファの指導から始まる。が、竹森さんは気にしない。「吹奏楽の金賞を取る前に、まず生活態度の金賞が先」が口ぐせ。部のモットーは清潔、礼儀、時間厳守。演奏旅行のたびにほうきを持参、ホール、旅館、バスの車内の清掃を欠かさない。「生活態度がきちんとしていれば、演奏技術はついてくる」。長年の指導で学んだ哲学だ。
竹森さんはあっけらかんと言う。「学生時代から私は落ちこぼれでした」。高校受験でまず最初の挫折を味わう。嘉穂高校の試験に失敗。一年間、定時制高校に学びながら翌年、嘉穂高校を再受験、合格する。音楽教師を目指したのも高校三年から、と遅かった。
そのきっかけが、〝運命的〟。中学時代の音楽教師に誘われ、喫茶店に行った。店内でベートーベンの「運命」が流れていた。第三楽章から第四楽章に移った瞬間、体全体に電流が流れたようにしびれた。「趣味ならともかく、その道に進むのは遅い」と言われるまま、山口大学教育学部に進み音楽を学ぶ。

「『山口大始まって以来の劣等生』と言われ続けて卒業しました」。その劣等生を恩師・石井洋乃助先生が励ましてくれた。「社会に出てからが本当の勉強だぞ」。この教えを守ってきた。

六年前（九一年）八十五歳で他界した母から教育の基本を教えられた。「生徒が騒ぐのは教師が悪い。授業に魅力がないからだ」。生徒が騒ぐと「授業のどこが悪いか」とたずねることを忘れなかった。すると生徒の方が頭を下げた。

吹奏楽、コーラス部のOBたちが、竹森さんの退職記念演奏会をそれぞれ開いてくれた。「教師冥利に尽きます。これも、生徒や地域の人たちのおかげ」。退職後は、地域のママさんコーラス「コーロひまわり」の指導に、第二の人生を燃焼させる。

わが愛しのハーレー

九州ハーレー会会長
島田昭治さん（70）

愛車にまたがる。呼吸を整え、エンジンキーを回す。心臓の鼓動のようにリズミカルに、腹に響く重低音。「五感を刺激するこの響き。年甲斐もなく胸が高鳴ります」。世界の名車、ハーレー・ダビットソンの魅力を語る。

十六年前（八二年）、あこがれの一台を手に入れた。ハーレーFLT。一三四〇cc、車重三五〇キロ。付属品を装着すると、四〇〇キロ近いモンスターである。「気性の荒い名馬を押さえ込むには、体を鍛えていなければいけません」。〝鉄の馬〟を乗りこなすため、小柄な島田さんは毎朝、近くの山に登る。頂上で腕立て伏せや柔軟体操をして下山するのが日課だ。

ハーレーを愛する親睦組織、九州ハーレー会会長。会員三十一人、平均年齢五十七歳のおじさんライダーの集まり。最高齢は、大正生まれの七十三歳。月一回のツーリング、秋に一泊二日のツーリングを楽しむ。町おこしのイベント、それに交通安全の行事にも駆り出される。「好きなバイクに乗れ、仲間も広がる。それに交通安全にも一役買える。バイクを通して社会の役に立てることを、誇りに思っています」

戦時中、志願して陸軍特別幹部候補生に。父は猛反対した。十七歳で単身渡米。コックから身を興し、昭和初期までサンフランシスコ近くの軍港でレストランを経営した父は「日本の戦闘機では太刀打ちできない」と言い切った。

陸軍では、九七式戦闘機の整備に従事する。大好きなエンジンとの付き合いの始まりだった。戦後は、小倉の米軍キャンプで、ジープ、トラックの整備士として働く。米兵が大型バイクを駆って疾走する姿に胸が高鳴った。「いつかは乗ってみたい」

高度成長時代。大型二種、大型トレーラーの免許を持つ島田さんは、トラック、バスの陸送に従事する。「東京~小倉間を二十四時間で走っていました。自宅にいるのは月に二日程度でした」。五十五歳の時、過労から倒れる。「人生観が変わりました。自分の好きなことを大事にしようと」

九五（平成七）年、二台目のハーレーを購入した。「米国の警察用に採用され、輸入禁止になると聞き、その直前に予約しました」。自宅車庫には、ハーレーのほか中国製サイドカー、ホンダCB750など七台の愛車がズラリ。

「ここは私の城。嫌なことがあってもハーレーの鼓動を聞けば気分はスカッとしますよ」

説法はギターで

浄土真宗・西楽寺住職
西條道孝さん（64）

小倉そごう十階のサールナート・ホール。午後七時、約四十人の老若男女が三々五々集まって来た。「今日は、時間について話してみたいと思います」。フランスの作家・ルソーの言葉を引用しながら説法は始まった。
「もっとも多く生きた人は、もっとも長く生きた人ではなく、生をもっとも多く感じた人です」。黒の蝶《ちょう》ネクタイに、白のタキシード姿。西條さんの語り口は、あくまでソフトだ。
説法が始まって二十分。西條さんは、傍らのギターを引き寄せながら「ここらで一曲聴いて下さい」。カンツォーネのメロディーがホールに流れ始めた。コーヒーをすすりながら名曲に聴き入る人たち……。
西條さんは、浄土真宗本願寺派「西楽寺」＝小倉北区鍛冶町＝の住職。十六代目を継いだのは一九五七（昭和三十二）年、二十二歳の時だった。高校時代から、ギターに魅せられた。京都の龍谷大に進む。大学時代、大阪までギターを習いに通った。その月謝の支払いが続かなくなった。「辞めたい」と申し出た時、ギター講師は「月謝のことなんか心配しなくていい」と言ってくれた。生徒の才能に惚《ほ》れ込んでの発言だった。

「住職を継ぐより、プロのギター奏者になりたかった」。が、父の死後、ギターへの道に未練を残しながら寺を継ぐ。住職になってからも年数回、リサイタルに呼ばれた。一九七一（昭和四十六）年から一年間、古楽器リュートを学ぶため、スイスに留学する機会に恵まれた。もう、戻るまい。そんな決意で出発した。すでに三十七歳になっていた。

「あのころは『いつ寺を抜け出そうか』。そんなことばかり考えていました」

ギターと仏道。対極にあると思っていた二つの道が実は、つながっている。そう気づいたのは、帰国してからだった。

ギター説法を思い立ったのは、八四（昭和五十九）年。合間に、名曲を演奏すれば喜ばれるのではないか。それに、若い人たちも、仏教の世界に興味を持ってくれるのではないか。小倉北区魚町の喫茶店を舞台に、毎月一回始まった「ギター説法」は七年続いた。

九二（平成四）年五月、大病をして以来、途絶えていたが九七（平成九）年四月、六年ぶりに再開した。サールナート・ホールで毎月第二土曜日、一時間半の説法の合間に、クラシック、ポピュラー各三曲を奏でる。

若いころ〝二足のわらじ〟と思っていた住職とギター。それが一つになった。「何でもそうですが、心を込めてやると、仏道になるんです」

忙中夢あり――ある立志伝

「タカギ」代表取締役
高城寿雄さん（60）

人一倍おう盛な好奇心。夢を一つ一つ実現させていく並外れた実行力。歩んできた半生を振り返ると、いまリストラの嵐に立ちすくむ中高年に、力強いエールを送っているようだ。

二十三歳で会社を興し、二度にわたる倒産の危機を乗り越える。その間、忘れなかったのは、幼いころからの夢。一つが「大空へのあこがれ」。一九七二（昭和四十七）年、自家用航空機の免許に挑戦する。「同じ取るなら英語の勉強ができるアメリカで」という発想が高城さんらしい。三カ月間滞在し、アメリカ連邦航空局の自家用航空機免許を取得する。三十四歳の時だった。そして十年後の八二（昭和五十七）年、米国パイパー社製四人乗り小型飛行機を購入する。

もう一つは、大学進学。「学ぶことに年齢はない」と、五十二歳で大学予備校に通う。五十三歳で、立教大学法学部に合格する。「ひともうけしてから大学に行こう」。高校を卒業時、こう誓ってから、三十五年の歳月が流れていた。

高城さんは、家庭用品、園芸散水用品を中心に製品の開発から製造、販売まで一貫して行なうベンチャー企業「タカギ」＝小倉南区石田南＝の代表取締役。

四年間は一日も休まず息子と同じ年齢の学生と大学生活を送る。「ファクスで届いた会社からの報告書に目を通し、東京の下宿から指示を出す毎日でした」

単位を取った科目の八〇パーセントは「優」。法学部四百五十八人中六十九番の成績で卒業する。五十七歳の春だった。売り上げもこの四年間で倍増、社業と学業の両立を果たす。

六歳から中学二年まで愛媛県新居浜市のおじの実家で過ごす。評判のガキ大将だった。「子ども同士のけんかでは物足りず、大人をからかっては、溜飲を下げていました。それがまた、ガキ大将の地位を守ることにもつながっていました」

悪知恵を働かせ理不尽な大人に反抗していた。創意工夫する知恵、強いリーダーシップは、この時代に培われたものだ。

仕事で疲れたら、愛機で大空へ。「北九州の夜景も素晴らしいですよ」。名古屋までの出張は、自ら操縦かんを握る。

「学びたい」社員には門戸を開放している。いま、二人の社員が米国の大学に留学中だ。

高城さんの学習意欲は衰えを見せない。六十代で東大法学部大学院に進み、七十代にはハーバード大学で経営学を修めるのが夢だ。

小さないのちの音がする

草笛教室講師
矢野郁子さん（54）

一枚の葉っぱであなたも、立派な楽士。いつでも楽しめる草笛を吹きませんか。「草笛教室」はそんな呼びかけで、九八（平成十）年四月に始まった。毎月第三日曜日の午前、皿倉山をのぞむ八幡東区尾倉の尾倉公園に老若男女が集まってくる。楽器ならぬ〝楽葉〟は現地で調達する。クス、サクラ、ツツジ、クローバー……。公園には、新緑の葉っぱや野草がいっぱいだ。この時、矢野さんはひと言クギを刺す。「葉っぱを取るときは、木の立場になってやさしく取ってね」

気に入った葉っぱをつまんで思い思いに吹き始める。素朴な音色にひかれ、散歩中の人たちがのぞき込む。「懐かしい音色ですね」と声を掛けるお年寄り。サッカーボールを蹴っていた少年は、けげんな顔で「なーんしようと?」。こうして広がった会員は、幼稚園児から七十代まで約五十人。

教室開講のきっかけになったのは、福岡草笛吹こう会がアトラクションに招かれた九七（平成九）年五月の帆柱自然公園山まつり。皿倉山九合目の屋外ステージで演奏してもらった。「素晴らしかったですね。新緑に囲まれた最高の舞台装置の下で、草笛の素朴な音色が周囲の緑に吸い込まれていくようで。みんなうっとりして聴いてました」

「北九州でも教室を開けないか」。そんな声が上がる。帆柱自然観察ガイドで、福岡草笛吹こう会の会員の矢野さんが講師役を買って出て、「草笛吹こう会.in帆柱」は誕生した。

生け花の師範だった父に連れられて、幼いころから野山を歩いた。自然の素晴らしさも知った。九二（平成四）年、二十五年勤めた保母の仕事を辞めた。やがて「何かしたい」と無性に思うようになる。そんなころ、帆柱自然公園愛護会主権の少年少女サマーキャンプに参加した。愛護会は「古里の自然を見直そう」と二十六年前（七三年）に結成されたボランティア団体。「大自然に触れ、生き生きとした表情に変わる子どもたちの姿に感動しました」

親子レクリエーションの指導や子ども会の行事によく声が掛かる。そんな時いつもバッグの中に、数種類の葉っぱをしのばせている。

草笛の音色が流れ始めると、ざわつく子どもたちも静まり返る。そして、目を丸くして寄ってくる。「なんか仕掛けがあるっちゃろう」

「自然の中にも、身近に楽しみ方があることを教えたい。夢？　草笛コンサートを開きたいですね」

わが故郷へ

〝個性の町〟の立役者

北九州市小倉南区役所
野中光則さん（33）

料理の達人がいれば、玄人顔負けの芸達者がいる。竹細工の名人がいれば、郷土史のことなら任せろ、と胸をたたくお年寄りがいる。多士済々の人材を登録して、一九九八（平成十）年四月スタートした「ウチらにまかせんネット」。

わがまち人材発掘事業として、小倉南区役所まちづくり推進課が音頭を取って公募した。「区民の顔が見える町づくりを、と思って始めました。正直なところあんなに反響があるとは……」。生みの親である野中さんは、照れ笑いを浮かべた。

九八年春、六十六人の登録者を紹介する「ウチらにまかせんネット」を区民に配布するや、全国の自治体から問い合わせが殺到した。登録者の一人、後藤宏男さん（67）＝同区志徳＝はその年の夏、志徳団地広場であった夏祭のアトラクションにお呼びがかかった。ハーモニカの見事な音色を披露、祭りを盛り上げた。

エルビス・プレスリーのものまねで人気の吉川信孝さん（48）＝同区出身＝は同じ年の九月、若松グリーンパークであった身障者、健常者交流のコンサートに呼ばれた。和製プレスリーの芸に歓声が上がった。

一九八九（平成元）年、北九州市役所に入庁。港湾局の出先、財政局と回って、南区役所まちづくり推進課に異動したのは三年前（九五年）。「港湾局時代は、業者との付き合いばかり。財政局では予算担当で、町づくり推進課に来て初めて市民と直接、接することになり、正直なところ戸惑いました」

戸惑いはまだあった。一口に町づくりと言っても、伝統ある町に比べて歴史が浅く、コミュニティー活動も希薄だった。七四（昭和四十九）年、小倉区が北と南に分区して小倉南区が誕生した。住宅団地として発展したため、新住民が区民の七割を超える。「門司区なら、レトロ。小倉北区は城下町といった町おこしのカラーがない。ここはひとつ何か仕掛けよう、と思いました」

ヒントになったのは、福岡県城島町の「よかもんマップ」。野中さんはひとひねりした。ユニークな人を紹介するだけに終わらせず、人材を活用することを思いついたのだ。「町づくりに欠かせない、区民同士の交流も深まると思ったからです。成果はすぐ見えるわけでもありません。町づくりの種まきといえましょうか」

昨年（九七年）、長女が生まれた。それを機に、小倉北区から自然豊かな小倉南区に引っ越してきた。「三十年後には、『ウチらにまかせんネット』に登録されるよう頑張ります」

おらが町にジャズの花咲く

豊前市教委学校教育課
後小路《うしろしょうじ》一雄さん（50）

大平村の「県立いこいの家」は、深夜になってもドラム、サックス、トランペットの音色がやまなかった。一九九七（平成九）年九月。後小路さん率いるニュー・スウィング・ジャズ・オーケストラの一泊二日の合宿は熱気を帯びていた。

総勢三十人。会社員、公務員、自衛隊員、会社社長、主婦、ＯＬ……。全員が揃うのはこの日だけとあって、メンバーの表情は真剣である。十月の「豊前市総合文化会館建設推進」と銘打ったチャリティーコンサートは、今年（九七年）で十二回目。「音響効果のいい会場で、若い人たちに感動を」。そう語る後小路さんにも胸をときめかせた青春時代がある。

築上中部高校二年の時だった。大分県中津市の映画館で「グレンミラー物語」を観た。ルイ・アームストロングがクラブのステージに立ち、しわがれ声で歌いながらトランペットを吹く。その音色が、胸にズシンと響いた。学校をさぼって二日間、映画館に通った。

久留米大学に進学し、ジャズバンドを結成。トランペットやドラムを担当した。注目され、ダンスホール、キャバレーから出演依頼が届く。当時は、グループサウンズの全盛期。二社のスカウトから「ドラマーとしてやらないか」と誘われた。が、「ジャズをやりたい」と断った。長男ということもあり、豊前市役所に就職した。現在、市教委学校教育課庶務係長。

進む道は違っても夢は捨てなかった。一九八三（昭和五十八）年、ジャズ研究会をつくり、メンバーを募集。三年目にフルバンドの演奏会ができるようになる。が、肝心の会場がなかった。市民会館はあるが、ステージは狭く、フルバンドでやると、指揮する場所がない。「照明をつけると、ブレーカーが落ちる状態でした」

一九八六（昭和六十一）年三月に第一回「市文化会館建設推進チャリティーコンサート」を開く。三回目からステージが広い市民体育館に変更した。「市民から『なぜ、十月の農繁期にやるんだ』とお叱りを受けた。冷暖房の施設がないからこの時期しか無理なんです」

コンサートの収益金は全額、市に寄託している。市も文化会館建設基金を設立。が、厳しい財政下、建設のめどは立っていない。そんな折、助っ人が現れた。ジャズ界の大御所、高橋達也（テナーサックス奏者）。三年前（九四年）、熊本であった音楽祭で、知り合った。悩みを打ち明けると「力になろう」と昨年（九六年）のコンサートに出演してくれた。

「今年も世界的プレーヤーが豊前に来てくれるんです」

落語はやっぱり生《なま》がいい

「北九州市民寄席」主宰
椛島　敬さん（70）

〝酒好きってえのは、飲み屋の前を素通りできないってえのがあるんですよね。見ると入りたくなるってんで、目隠ししちゃってなあ、鼻つまんで、だーっと駆けだして、目隠し取ったら、飲み屋に入ってたりなんかしてなあ……〟

桂文治演ずる「親子酒」のさわりである。一九九七（平成九）年六月、八幡西区の北九州プリンスホテル。「桂文治独演会」には約三百人が、生で味わう古典落語に酔った。

市民寄席が始まったのは一九七一（昭和四十六）年。寄席を仕掛けた椛島さんは感慨深げに語る。「柳家小さん師匠から『北九州でも独演会ができないかい』って言われ、『はい、やりましょう』ってつい言っちゃったんですよ」

あれから二十六年。落語協会、落語芸術協会などの協力で、年四回細々と続いている。その市民寄席はいま、存続の危機にある。テレビの影響をもろに受けているのだ。

「テレビの落語はせいぜい十五分、短く縮めてやっている。あれでは本物じゃあない。反発して桂文治師匠なんかテレビに出ない。ところが、テレビでなじみのない落語家の独演会は集まりが悪いんですよ」

落語家の方も安直に笑いのとれる創作落語に走る。「古典落語が分かる人が年々減っているのが寂しい。いずれすたれる運命なのか……」

八幡市（現八幡東区）生まれ。映画全盛期の五五（昭和三十）年、映画館支配人見習いからスタートした。「少年時代の八幡は、製鉄所の煙突から出る『七色の煙』がある限り、繁栄は約束されていた。毎日がお祭りのようなにぎわいでした」

テレビの出現で、映画館は一つまた一つと姿を消した。映画に見切りをつけ、実演興行の世界に手を染めた。漫才、落語、声帯摸写に歌手を加えた芸人を呼んだ。「東京名人会」と銘打って。六四年から七〇年にかけての漫才ブームが追い風になった。新日鉄をはじめ大企業から慰安会の注文が舞い込む。東京事務所を置いたのもそのころ。

が、順風満帆の日々は長くは続かなかった。「鉄冷え」に代表される産業構造の大転換。テレビの影響も大きかった。

「人は私のことを興行師と呼ぶが、ちょっと違うんだなあ。一攫千金のイメージがあるけど私の場合、人と人との関係を大事にしながら、楽しい仕事をさせてもらった」

市民寄席は、いま続ければ続けるほど、赤字が膨らむ。「すぐにでもやめたいけど、毎回楽しみに待っている人もいるしね。区切りのいいところで幕を引きたいとは思っているのですが……」

「本物の芸を生で味わう」。椛島さんにとってのこだわりである。

ヒト、森にあう

森林インストラクター
宮本良治さん（49）

「まずは、森の素晴らしさを堪能してもらいましょうか」

宮本さんはそう言って車のハンドルを握った。行橋市から、南へ約四十キロ。曲がりくねった山道を上り詰めると、目の前にイロハカエデやシラカシなどの広葉樹の森が広がった。新緑がまぶしい。県の「森林浴百選」に指定され、近くに「蛇淵の滝」＝京都《みやこ》郡犀川町帆柱＝もある。四季を通じてハイカーでにぎわう。

森にわけ入ると、ふくいくとした香りに包まれた。おいしい空気を胸いっぱいに吸った。ふっと心が解き放たれる。聞こえてくるのは、谷川のせせらぎと森を渡る風の音……。時折、野鳥のさえずりが静寂を破る。

宮本さんは、県内に五人いる森林インストラクターの一人だ。世はアウトドアブーム。都会の人が森林に出掛ける機会も増えた。「日ごろ自然に触れる機会の少ない都会の人に、森の楽しさはもちろん、自然の中でのマナーや利用する上での基礎知識をアドバイスするのが仕事です」と宮本さん。お呼びがかかれば、森へ案内する。森林教室や探鳥会、それに、林業体験を希望する人には、下草刈り、枝打ちも体験できる。

森林インストラクターは、農林水産省の資格制度で、七年前（九〇年）に発足した。その数全国に五四三人。九五（平成七）年、資格を取得した宮本さんは「私はまだ新米ですから……」と謙遜する。本職は県行橋農林事務所林務係長。

朽ちた葉の積み重なった柔らかな土を踏みしめながら進む。初夏の日差しに新緑がきらきらと光って見えた。その下を歩くと身体の芯まで癒される。宮本さんは、名もないかれんな野の花の前で立ち止まった。「森の草花は持ち帰らない。どうしても欲しいときは私は種をとって帰ります。近所に配ると喜ばれますよ」

森と仲良くするコツは？

「四季を通じて付き合って欲しいですね。芽吹きどき、青葉若葉のころ、そして紅葉もいい」。

「ひとつの森に通いつめ四季の変化を見続ければ愛着が生まれます」

帰り道。山のあちこちで湧水がある。その水を手ですくい口にふくむ。干からびた細胞に清冽《せいれつ》に染みた。

山の豊饒に魅せられて

帆柱自然公園愛護会
広田実美さん（69）

「山に入ると、心が和やかになる。顔つきまで優しくなるから、不思議ですね」

一九九八（平成十）年元旦。町がまだ暗やみに包まれた午前五時、広田さんは自宅を出て、皿倉山山頂を目指した。元旦登山に挑んでもう四十年になる。回を重ねるうち「帆柱初日会」へと発展した。今年（九八年）も五千人の市民が参加。曇り空で、御来光は仰げなかったが、たいまつの火が聖火台にともされると歓声が上がった。

「古里の山を見直そう」を合言葉に、ボランティア団体、帆柱自然公園愛護会が誕生したのは、一九七三（昭和四十八）年十一月。八六（昭和六十一）年、市教委体育課長を最後に退職した広田さんが、三代目の事務局長を引き受けた。

帆柱自然公園は、東から皿倉山、権現山、帆柱山、そして北に花尾山と四つの山からなる。広さ約三六〇ヘクタール。百万都市の背後にあり、広葉樹をはじめ天然林や植物、昆虫、野鳥の宝庫として知られる。訪れる登山客、ハイカーは年間約五十万人。

愛護会は九八年秋、設立二十五周年を迎えた。その活動ぶりは、多彩である。春の野鳥観察会。

夏の林間学校。秋の森林浴ウォークラリー。冬の帆柱自然探検……。それに毎月のクリーンハイキング、年七回の「森の自然教室」。九七（平成九）年から、「帆柱山自然観察ガイド養成」も始めた。ボランティアとしてガイドを買って出る。十六人が登録中だ。

一九四八（昭和二十三）年、八幡市役所（現八幡東区役所）に採用、市教委体育課に配属された。市民にスポーツを勧める立場から、よく登った。夏の夜。頂上付近に寝ころがってながめた星空に息をのんだ。「こんな素晴らしい星空を青少年にも」。そんな願いが、帆柱キャンプ場整備として実った。

「四十年以上、この山と付き合いながら、本当の魅力に触れたのは実は三年前。山の自然をカメラに収め始めてからです」。春の新緑、秋の紅葉。それに、名も知れぬ、かれんな野草……。ファインダー越しに見る、この山のすごさに魅せられた。寒さに耐えながら、春を待ちわびる冬の山が一番好きだという。「それぞれの木が春に備えて準備している。一つ一つ表情があって素晴らしい」

その広田さんは、中高年の登山ブームについて言う。「健康目当てだけでなく、山の動植物に目を向けてほしい。山の楽しさが倍加されます」

伝説の俳人を追う

俳人・杉田久女研究
増田 連《れん》さん（66）

小倉北区堺町の飲食店街に囲まれた堺町公園。夜ともなれば、嬌声《きょうせい》が響く。その公園の片隅に、杉田久女《ひさじょ》の句碑がひっそりと建つ。

花衣ぬぐやまつはる紐いろいろ

大正末期から昭和初期にかけて一世を風靡《ふうび》した女流俳人。当時、東のかな女《じょ》（長谷川かな女）、西の久女といわれた。その生涯の大半を小倉北区（当時小倉市）で過ごし、幾多の名句を残した。

「にもかかわらず、地元での評価は〝悪妻〟とか〝悪女〟とか不本意なものばかりでした」

古本屋を営む増田さんが、久女研究に手を染めたのは一九六六（昭和四十一）年。彼女がこの世を去って早や二十年の歳月が流れていた。

紫陽花に秋冷いたる信濃かな

朝顔や濁りそめたる市の空

「こんな素晴らしい作品を残した俳人なのになぜ……?」

疑問は膨らんだ。旧制小倉中（現小倉高校）時代、美術教師だった久女の夫宇内《うだい》から、直接指導を受けたことも動機になった。所属する天籟《てんらい》俳句会の句会研究誌「天籟通信」に連載を始めたのは、六七（昭和四十二）年一月。「伝説・杉田久女ノート」のタイトルで、連載は四年間も続いた。

「当時、久女に関する研究書もほとんどありませんでした。生前の久女を知っている人を一人ずつ訪ね歩きました」

久女の遺族を訪ね、俳句文学館（東京）にも足を運んだ。彼女の足跡が残る現場にも行った。関係資料と証言を突き合わせながら、推理小説さながらに実像が少しずつ浮かんできた。

「明治生まれの女性にしては、鼻っ柱は強く、自由奔放に生きた人。そんな生き方に〝悪女〟のレッテルを張られたのでしょう」

増田さんは久女研究の集大成として七八（昭和五十三）年に『杉田久女ノート』（裏山書房）を出版。これまでの久女像を覆す内容は、中央で反響を呼んだ。そして八七（昭和六十二）年、田辺聖子の『花衣ぬぐやまつわる――わが愛の杉田久女』（集英社）へとつながった。『花衣…』はベストセラーとなり翌年、「台所の聖女」のタイトルでテレビドラマ化された。

「悪女」から「聖女」へ。「俳人の評価は、作品で決めるべきです」

増田さんの久女を訪ねての旅は続く。

甦れ、わが愛しの川

タカミヤ・マリバー
環境保護財団
高宮俊諦《としあき》さん
（51）

「自然を軽視する企業は二十一世紀は生き残れない。川や海を元の姿に戻すのも重要な経営のひとつです」

少年時代を、父義諦《よしあき》さんが、紫川のほとりに開いた釣具店で過ごした。いつも川が遊び場であった。自然から、そして父から多くのことを学んだ。「川で遊んでいて、おぼれかけた時の透き通ったあの水の色は、いまだに鮮明に覚えています」

戦後間もない一九四九（昭和二十四）年、紫川沿いの旧小倉市（現小倉北区）船頭町に釣具店が産声を上げた。常盤橋際にわずか畳三枚足らずの店として、小さな船出だった。一坪半の出発から四十九年。父が心血を注いだ「タカミヤ」はいま、釣り具中心のアウトドア総合商社として全国展開中である。

九三（平成五）年に他界した父の後を継いで株式会社「タカミヤ」＝八幡東区西本町＝の社長に就任。「紫川をアユの棲《す》める清流に」。父の遺志を継いでその年の十一月、財団法人「タカミヤ・マリバー環境保護財団」を設立、その理事長を務める。「マリバー」はマリン（海）とリバー（河川）の合成語。北九州市の自然環境保全と水生生物たちの保護育成、その研究のために使われている。

紫川が「死の川」に変容したのは、昭和三十年代半ば。洞海湾は死の海に、紫川はどぶ川に変わった。各企業からの廃液、家庭からの雑排水が原因だった。

清流を取り戻す運動を始めた。稚アユを放流したがうまく成育しない。中流にある八幡製鉄所（現新日鉄）の取水堰にさえぎられ、産卵にのぼるアユが遡上《そじょう》できないのである。思い余ってアユののぼれる魚道を、と陳情した。返ってきた返事は「鉄が大事かアユが大事かわかるでしょう」。

一九八六（昭和六十一）年に「紫川に鮎《あゆ》を呼び戻す会」を旗揚げし、翌年からアユの放流を再開する。今度は新日鉄が魚道を作って協力してくれた。翌年、放流稚アユが育ち、遡上アユの自然産卵が確認された。アユが紫川に戻ってきたのである。

が、工場用水取水による流量の減少や乱獲で九〇（平成二）年には、アユは絶滅寸前に。それでも高宮親子は夢を捨てなかった。行政に禁漁を訴え、大企業に取水制限を要請して回った。九五（平成七）年、アユの専用降下用の魚道も完成。企業も産卵期の夜間の取水を控えてくれた。

「皆さんの協力で、今年（九八年）は昨年の三〜五倍に当たる三万〜五万匹の遡上が期待できるでしょう」

土蔵づくりの児童書店

「ひまわり・こども」店主
前田　賤《しづ》さん（53）

土蔵づくりの白壁に緑をわたる風が吹き抜けてゆく。聞こえるのは、野鳥のさえずりだけ。板張りの室内では、子どもたちが読書に夢中だった。床にあぐらをかいたり、寝そべったり。童話を読み聞かせてくれる母親のそばで、目を輝かせる子もいる。ここは図書館ではない。児童書の専門店だ。

「こころゆくまで本に親しんで欲しいんです」。にこやかな表情で語るのは、書店「ひまわり・こども」＝京都郡豊津町＝の経営者、前田賤さん。

店の周囲は緑に囲まれ、田園風景が広がる。この種の専門店は、人口三十万規模の都市でないと、成り立たないといわれている。

なぜ、豊津町で？

「それを言えば田舎では何もできないことになります」。「まして、図書館もない町では、子どもたちが児童書に触れる機会は少ない。田舎だからこそやる価値がある」

淡々としたその口調から、かえって奥の深い迫力が伝わってくる。

前田さんの父は、あの「どぶろく裁判」*で知られた反骨の思想家、故前田俊彦さん。普通の人なら引退して余生を楽しむ年齢の六十一歳のとき、成田空港建設反対闘争に参加。ミニコミ誌「瓢鰻亭通信《ひょうまんていつうしん》」を発行して鋭い評論活動を続けた。一九九三（平成五）年四月、豊津町の自宅の火災で逃げ遅れ、八十三歳の生涯を閉じた。

通夜の席で、賤さんは弔問客に言った。《この世で本当に大切なものが何なのか、それを教えてやる。物や財産はみなおれが焼き尽くしてやる。——炎の中でかっと目を見開いて父はそう叫んだのだと思います》

九六（平成八）年四月、焼けた自宅を再建。土蔵づくりの書店をオープンさせた。再建を機に二十年にわたって行橋市で営んでいた店を移転させたのだ。あえて、田舎に移したのにはわけがある。生前、父が「自宅をみんなが集まる場所として開放したい」と望んでいたからだ。母屋を改築して、人々が交流できる木造の喫茶店をつくった。

賤さんは言う。「あこがれや驚き……。絵本の世界に浸ったこどもたちには追体験の場が必要なんです」。が、野原も畑も宅地に変わり、子どもの遊び場だった小川、路地は消えていった。「そんな環境からは、子どもの冒険心や夢は育たない」。ここでは子どもたちは、ゆったりとした流れの中、時を過ごす。

＊「自分が飲むどぶろくを自分で作って何が悪い」と国を相手に酒税法の是非を争った訴訟。三里塚空港建設反対運動に参加、地元の農民と共闘しながらどぶろくを醸造。一九八四（昭和五十九）年、酒税法違反で起訴される。八六年、千葉地裁の一審判決は、税務署長の免許を受けなかったとして罰金三十万円の有罪判決。その後、控訴するも、八九年最高裁が上告を棄却、有罪が確定する。

我、世界を拓く

食が拓《ひら》いた中国

大学中国語講師
板谷秀子さん（49）

九州大、北九州大、九州国際大などで、中国語を教えている。その指導法はユニーク。「食から入る中国語」。九十分授業のうち、十分間は必ず「食」の話が飛びだす。

夫俊生さん（49）も北九州大外国語学部中国語専攻の教授。「授業中、居眠りする学生が多い中で、女房の講義は目を輝かせている」とは俊生さんの弁。

毎年二月、学生を引き連れ中国への語学研修旅行に出る。旅行社まかせでなく、レストランの献立まで交渉する〝手づくりツアー〟。

その文化に触れるにはまず「食」から。板谷さんの持論である。「事前に、中国のレストランにファクスを送り、献立の注文を出します」

研究旅行が縁で、語学留学した学生もいる。すっかり中国通になり漢方薬輸入の会社に就職した学生も。

板谷さんが中国に興味を持ったのも「食」からだった。関西大二年のころ。華僑のおばあちゃんから、中国語の会話レッスンを受けた。レッスンが終わると、中国の家常菜《チアチャンツアイ》（家庭料理）を作ってくれた。オイスターソース味の広東風やきそば、葱油餅《ツオンヨウピン》の素朴な味が忘れられない。「中国の四大料理をマスターしたい」。並みはずれた行動力が頭をもたげる。料理学校の先生に紹介してもらい、北京、広東、上海の各料理をプロのシェフに習う。その後、関西大大学院中国文学研究科へ進む。が、父が病に倒れる。一時休学し、唐木家具卸の家業を助ける。仕事のかたわら大学に通った。中国語講師として母校の教壇に立ったのは、三十四歳の時。

一九八七（昭和六十二）年、夫が北九州大外国語学部に着任する。『フグが安く食べられる』の夫のひと言につられてついてきました」。地理的にも中国が近くなった。水を得た魚のように、活躍の場を広げていく。

中国・少数民族の食生活に興味がある。五十五の少数民族があるが、四年前（九五年）から一年に二つか三つの少数民族を訪ね歩く。「古代からの食生活を守り続けている。日本は見習うことが多いです」

昨年（九八年）、雲南省麗江の納西《ナシ》族を訪ねた。「何年かかるかわかりませんが、ライフワークの一つとして続けたいですね」

いま、中国の伝統絵画、国画の収集に夢中だ。中国の専門美術雑誌に手紙を出し、画家を紹介してもらった。画家の画室を訪ねては、作品を分けてもらう。「絵を飾るスペースを確保したくて家を建てたようなものです」。首をすくめて笑った。

青磁への思い、海峡を越えて

陶芸プロモーター
八丁義憲さん（58）

その後の人生を大きく変える、あの出合いから二十六年の歳月が流れた。

一九七三（昭和四十八）年の夏。初めて韓国を訪れ、一週間滞在した。韓国の友人が最後に案内したのが、ソウル市内の梨花女子大学だった。

あの時の心地よい興奮は、今も忘れない。案内された陶芸科教授研究室に置かれた小さな花瓶に目を奪われた。

「青でもない、緑でもない。今までに見たことのない不思議な色でした。地味からず、派手からず、それでいて存在感のある上品な美しさに魅せられました」

韓国現代陶芸界を代表する作家、黄《ファン》鍾九《ジョング》さん制作の翡《ひ》色青磁。見るものの心をなごませる温かさがあった。

「日本にぜひ紹介したい」。これと思ったら突っ走るタイプの八丁さん。七年間、通いつめた末、黄さんの日本での個展を成功させる。「一衣帯水の隣国と言われながら、近くて遠い国。韓国に目を向けなければ」。そんな思いも強かった。

「高麗陶磁展」と銘打ち東京のデパートで開いたのは、一九八〇（昭和五十五）年七月。大成功だった。あれから十九年。今でも毎年数回、全国各地で開催、今年（九九年）六月の奈良の個展で百七十一回を数えた。その歳月は、手づくりの日韓文化交流の歴史でもある。

忘れられないエピソードがある。一九九〇（平成二）年、大阪で黄さんの個展を開いた。訪れた奈良県の在日朝鮮人の男性との間で、朝鮮民主主義人民共和国（北朝鮮）陶芸界の重鎮・禹致《ウチ》善《ソン》さんのことが話題になる。

この男性が近く北朝鮮に帰ることを知った八丁さん、ふとあることを思いつく。禹さんあてに、黄さんが復元した高麗青磁花文碗《わん》を贈ろうと――。

実はこの二人、両国に分断される前、同じ陶磁器研究所に学んだ〝兄弟弟子〟。その後は南北に引き裂かれ、今ではそれぞれの国を代表する陶芸家である。

思わぬ贈りものに禹さんは涙を流し、お返しとして青磁象嵌《ぞうがん》花器を託した。今度は八丁さんがこの花器を持って黄さんをたずねる。この話題はソウル新聞に「青磁で結ぶ、南北陶芸家の友情――日本人美術商、取り持つ」の見出しで大きく紹介された。

この二十六年の間に、髪はすっかり白くなった。が、年四、五回の韓国行きはいまも欠かさない。「（陶磁器を通して）お互いわかりあえる共通の広場があるはずだ」。熱い思いを滔々《とうとう》と語る。

肝っ玉母さんの料理店

台湾料理店「大好ヤ」
翁楊《おうよう》 秀玉《しゅうぎょく》さん（61）

北九州市民の台所、旦過市場。市場から一つ筋を入ると、肩が触れ合うほどの路地沿いに飲食店が並ぶ。その一角に台湾家庭料理の店がある。

看板メニューは、ギョーザ、エビだんご。三年ほど前、この店で食事をした時の記憶がよみがえる。店の主人とおぼしき女性が運び込まれる料理を説明してくれた。台湾北端の港町、基隆の出身のその女性は幼いころ両親がつくってくれた家庭の味について語った。《実家は漁師。父が獲れたばかりのエビやイカをその場でミンチにし、あつあつのイカだんご、エビだんごを船上で作ってくれた》

《ぎょうざは、母が得意。大きななべにお湯を注ぎ、中にぎょうざを入れる。やがて浮いてきたぎょうざをすくいあげ、特性のたれで食べる》

聞いていて、料理をつくることの楽しさ、おいしく食べてもらうことの喜び……そんな思いが伝わってきた。

三年ぶりに訪ねると、あの時と同じ、にこやかな笑顔で迎えてくれた。店の肝っ玉母さん、翁楊さんは台湾・台北市から一九七一（昭和四十六）年にやってきた。

昔から「料理をつくり、食べるのが大好き」だった。屋号も「大好ヤ」とした。オープンは一九八五（昭和六十）年。料理の味、きっぷのよさからなじみ客がひきも切らない。

夫の有奎《ゆうけい》さん（60）と結婚し、台北で暮らす。有奎さん一家は十二人の大家族。長男の嫁として炊事、洗濯、掃除……すべて、引き受けた。二十種類を超すメニューの大半はその時おぼえた。

日本に来るきっかけは、小倉北区で中華料理店を開いていた有奎さんのおじの誘い。七一年一月に有奎さん、半年遅れて秀玉さんが異国の地を踏む。幼い四人の子どもを残して。

子どもたちを呼んだのは七五（昭和五十）年。うまくやっていけるか、不安だった。二女麗娟《れいけん》さん（33）は小学五年の時に小倉小（現・小倉中央小）に編入した。授業の合間に担任の先生が「あいうえお」から指導、校長先生も、校長室で特訓してくれた。

小学三年で日本にやってきた二男琦棠《きとう》さん（31）はいま、秀玉さんのあとを継いで「大好ヤ」を切り回す。麗娟さんは旦過市場入り口に九七（平成九）年十一月オープンした台湾総菜店を守る。「異国での親切が身にしみました。おいしい料理をつくることで、みなさんにお返ししたい」

秀玉さんの口調がなごんだ。

近くて遠い国から来た〝ママ〟

スナック「紅薔薇」
朴《パク》　聖子《ソンジャ》さん（51）

グリーンとローズピンクの鮮やかなコントラスト。韓国の民族衣装、チマ・チョゴリに身を包んで毎晩、店に出る。パッと花が咲いた様に華やかになる。「言葉も全くわからないまま、不安な気持ちで一歩をしるして十三年。ここまでやってこれたのも、親切な皆さんのおかげです」流暢な日本語で感謝の気持ちを表す。

一九四六（昭和二十一）年、韓国・ソウル生まれ。朝鮮戦争（一九五〇～五三年）の混乱の中で小学校に上がる。学校の校舎は焼け落ち、テントの中で勉強した。歴史の授業で、かつて日本軍による数々の残虐な行為について学んだ。日本イコール怖い国のイメージが少女の脳裏に焼きついていった。

だから八五（昭和六十）年、日本に行くと決めた時、母は猛反対した。在日韓国人がいじめや差別を受けたニュースも国内で流されていた。しかし、根っからの楽天家の朴さん。「日本に行って、ダメなら帰ればよい」。家族の反対を押し切って八六（昭和六十一）年十一月、小学四年の息子と二人、福岡空港に降り立つ。

一年間は小倉北区のクラブで働いた。二年目に借金してスナックの権利を買う。「失敗したらキムチをつくって売ればいいと思ってました」。不安もあるけど自然体。息子の朴重圭《パクチュンキュウ》さんは、日本の小学校に編入。言葉がわからず苦労した。担任の先生が放課後の特訓をしてくれた。

聖子さんは、子どものいじめが気になった。幸い中学校を卒業するまで何事もなくいった、と思っていた。が、高校に入学する時「日本の名前が欲しい」。「どうして?」と尋ねる母に「韓国の名前でいじめられるのがいやだ」。ついに本音が出た。

「仕事が忙しい私に心配かけたくなかったのでしょう」。以来、息子は「山口正吉」の名前で生きていくことに。「すっかり同化してしまった息子を見ていると、少しさみしい気もします」。その息子も二十四歳になり、いま社会人として働く。

よく店のお客からこう言われる。「韓国の人は、いつまで昔のことにこだわるの。そんなことでは、仲良くなれないよ」。それは、ちょっと違うと思う。「まず、過去の歴史をとらえ直すことから始めなければ」。そう言いたい気持ちを抑えて、笑顔を浮かべている。

そして、近くて遠い隣国との距離を縮めるには、どうすればいいか考える。

吹けよ！ 大和《ヤマト》の〝ケーシ風〟

琉球アーティスト
宮村みつおさん（46）

その道に、はまり込む人はあまたいる。が、これほどのめり込んでしまった人も珍しい。名刺に「琉球アーティスト」とある。それだけではない。琉球料理と泡盛の店「シーサー屋」店主。「北九州泡盛を楽しむ会」事務局長。「北九州三線《さんしん》クラブ」会長。「沖縄問題を考える北九州フォーラム」世話人……。

一九九七（平成九）年十二月。宮村さんは、気温が二〇度を超えた沖縄県糸満《いとまん》市にいた。FM放送の生番組に出演、地元のDJ、上原聰一さんとマイク越しに向き合っていた。

「ウチナンチュ（沖縄の人）より、沖縄に詳しいヤマトンチュ（本土の人）」。そう紹介されたあと、上原さんが問う。「北九州に住みながら、これほどのめり込んだのは」。開けっ広げな宮村さんが答える。「最初、沖縄に移り住みヤマトンチュ相手に、ペンションでもやってひともうけしようと思ってたんです」

そんなもくろみを打ち砕いたのは、沖縄の友人の一言。「あんたがやろうとすることは、沖縄の人でもできる。あんたしかできないことがあるんじゃないの」

この一撃は、こたえた。「大好きな沖縄に向けて、北九州からケーシ風（返し風）を吹かせよう」。一九九二（平成四）年、琉球料理店を小倉北区に開店。沖縄文化を学び、広める拠点として人々が集う。

大学卒業後、北九州で高校の教員を二十年勤める。初めて沖縄を訪れたのは、一九七二（昭和四十七）年、沖縄が本土復帰した年。観光コースを巡るうち「沖縄の文化、人情にほれました」。本当の沖縄を知る旅が始まる。そこで触れたのは、何でも包み込んでしまう、沖縄の人のあったくましさであった。

「困難に直面してもナンクルナイサー（何とかなるさ）のしたたかさ。イチャリバチョーデー（出会えば皆兄弟）の大らかさですかね」。底に流れるのは《戦《いく》さ世《ゆ》ん済《すい》まち　命《ぬち》どぅ宝（いくさも終わった。命があるんだから、頑張っていこう）》の精神である。

九五（平成七）年の米兵による少女暴行事件後、講演会に呼ばれたり、学校の人権コンサートに駆り出される回数が増えた。トークの合間に、自ら作詞、作曲した「壺屋通り」「ハッピーシーサー」を歌う。

「心はウチナンチュ。でも、ヤマトの人間として、ケーシ風を送り続けていきたい」。それが、自分らしい生き方だと思っている。

「水商売から学んだ」

「コスモスグループ」会長
岡本佳海さん（79）

「かつて、飛ぶ鳥を落とす勢いだった鉄鋼メーカーでさえ、レジャー産業に手を染める時代。この世に永続し続ける企業はない」

技術職人からたたき上げ、塗装店、衣料雑貨、洋装店、キャバレー経営……。多くの経営現場から学んだ哲学は明快だ。「成功をもたらしたシステムやプロセスはもはや通用しない。常に先取りが必要です」

高級クラブ、ビル清掃会社、飲食業……多業種を束ねる「コスモスグループ」の会長である。

一九三六（昭和十一）年、十六歳の岡本少年（韓国名・朴《パク》柱《チュウ》玉《オク》）は韓国・全羅南道の珍島《チンド》から単身日本へ渡った。珍島は、済州島の北西に浮かぶ、人口五万足らずの寒村である。

極貧の小作農家に生まれた。八人きょうだいの上から二番目。まず、長男が日本へ渡る。岡本少年も大阪で働く長兄を頼って海を渡った。大阪・東住吉で、手鏡の木枠をつくる職人として弟子入りする。独立したのは二十一歳の時。家具の塗装を専門にした岡本塗装店の看板を掲げる。

そんな地道な道から水商売へと手を染めるきっかけは、「キャバレーをやってみないか」という知人からのひょんな誘いからだった。ＪＲ小倉駅前に土地を所有していたことが、その後の人生を大きく変えることになる。商いの道に入って二十年、すでに四十歳になっていた。

当時、岡本さんはＪＲ南小倉駅前に洋服、衣料品の店を二店持っていた。「『利幅の薄い商売だなあ』と考えていた矢先の誘いでした」

飲み歩きながら、経営のいろはを学ぶ。にわか勉強で始めたキャバレー経営であった。やがて軌道に乗り、小倉の名門キャバレーを次々に買収、話題をさらう。

同業者は苦労人が多く、あったかみのある人ばかりだった。「なのに、キャバレーのおやじといえば、世の風評はやくざまがいのイメージが強かった。映画やテレビドラマの影響でしょう」「これでは社会的に認知されない」。全国の同業者を説得し、勉強会の開催を呼びかけた。約三十業者が集まって、日本観光経営研究会（ＮＫＫ）の旗揚げに成功する。

心血を注いだキャバレー業界も八〇年代を境に衰退の道をたどる。が、いまでも全国に慕ってくれる仲間がいる。

「コスモスグループ」の経営は七十歳の時、長男堅吾さん（53）に譲った。

情熱の泉は絶えず

「エーエスエー・システムズ」社長

麻上俊泰さん（60）

「よその企業から、引き抜かれるような人材になれ」

若い社員に求めるハードルは高い。一九九七（平成九）年秋、米国・ソフト企業に、三万ドル出資して話題をまいた。リストラの嵐が吹き荒れ、縮み志向が続く企業が多い中、異彩を放つ。

八四（昭和五十九）年、コンピューターによる設計、製造用システム、ソフト開発会社「エーエスエー・システムズ」＝戸畑区中原新町＝を設立。当初、五年間は経理、営業、システム開発と、一人三役をこなす。「好きだから苦になりません。休むのは、お盆の一日だけです」

社員の国籍も問わない。中国人、韓国人をそれぞれ二人採用している。アジア進出の際は、中心となる人材だ。二〇〇一年には株式公開の準備中である。そこには、CAD（コンピューターによる設計）の互換ソフトの国内シェア九〇％の自負がのぞく。

いま社員五十六人、その七割が二十代。「米国のソフト業界も間もなく、日本市場に乗り込んで来る。食われる前に食ってしまおう」。九七年末には、技術者一人を出資した提携企業に派遣した。ここを足場に、米国ソフトの市場調査も怠りない。その先見性には卓越したものがある。

三潴郡出身。一九六一（昭和三十六）年、東京工業大学の経営工学科を卒業して、八幡製鉄（現・新日本製鉄）に入社する。配属されたのが、工場診断課。課長のアドバイスがいまも心に残る。「情熱をいつまで持ち続けるかで決まる」。それに、プラント事業部の係長時代、社外の人との交わりの中で「積極的に生きる」ことの大切さを学ぶ。二つの人生訓から体得した麻上哲学は「迷った時は、行動する」。

入社したころ、社内にコンピューター導入の準備室ができ、その一員に選ばれた。もとより、好奇心は人一倍おう盛。コンピューターにのめり込んでいく。やがて「コンピューターのことなら麻上に聞け」。広い社内に鳴り響く。プラント事業部の課長時代。米国のコンピューター設計ソフトメーカーを、二週間にわたって視察する。帰国後、設計ソフト導入の推進役を果たす。

独立しようか迷った時も、思い切って行動した。製造業のコンピューター化の流れを的確にとらえてきたことが、飛躍に直結した。それだけに、社員に求める要求も厳しい。「広く薄くこなすゼネラリスト、プラス何かを深く身につけたスペシャリストを兼ね備えた人材が必要です」

マイ・フロンティア！

アトピーの子に捧ぐ

洋菓子店「トウキイ」
山本耕一郎さん（30）

せめて、誕生日くらいケーキにロウソクを立て、成長を祝ってやりたい。アトピー性皮膚炎の子どもを持つ親のささやかな願いだという。

「たかがケーキ」などといってはいけない。楽しいひととき、みんなと一緒にケーキが食べられないことがどんなにつらいことか。

アトピーの子は、ケーキに含まれる牛乳、卵、小麦粉などに強いアレルギー反応を起こすことが多い、という。「それも一人一人、違うんです。たとえば、卵一つとっても、卵黄はいいが、卵白がだめな子。その逆のケースもあるし、どちらもだめな子もいます」

四年前（九五年）のことだった。年配の知人が店を訪ねてきた。「アトピーの孫が、食べられるケーキをつくって欲しい」。深刻な話を、身につまされる思いで聞いた。卵と牛乳にアレルギー反応を起こし、市販のケーキが食べられないのだという。

引き受けたものの自信はなかった。「卵と牛乳を使わずにケーキが作れるだろうか」。そんな不安の一方で、生来の探究心が呼び覚まされた。卵、牛乳の代わりに、マーガリンや油脂を使ってみた。うまみが少し足りないが、何とか完成させた。知人の喜ぶ顔が忘れられない。

同じように悩んでいる親子は多いはずだ。山本さんはすぐ広告を出した。「アトピーの子どもさんが、食べられるケーキをつくります」

二十件以上の問い合わせがあった。それぞれの原因食材、症状を聞いて驚いた。卵、卵と牛乳、植物性油と卵――原因食材が人それぞれ違った。注文を受ける前に、お客と話し合い、原因食材を突きとめることに全力を挙げた。

大変な道に踏み込んでしまった、という戸惑い。「一方で、『よし、この道のパイオニアになってやろう』とファイトがわいてきました」

大学受験に失敗、迷わず、料理の専門学校へ進む。「小学校のころから、台所で料理をつくったり、クッキーを焼くのが好きでした」。妻直子さん（31）とは、修行中の店で知り合った。そして、九年前（九〇年）、洋菓子店「トゥキィ」＝小倉南区湯川＝を開店。

ケーキづくりが終わった夜、パソコンと向き合うのが日課になった。インターネットでアトピー関係の情報を集めまくった。神戸と東京・国分寺に、アトピーの子どもが食べられるケーキを研究しているケーキ屋さんがあることを知り電話でアドバイスを受けた。

「山に例えると、まだふもとをウロウロしている程度です。小麦粉が食べられない子どもにも、ひえやあわを使って試してみようと思っているんです」

リングへの思い越え

田川市職員
横山俊吾さん（22）

エンジ色のトランクスに、白のシューズ。シューズには、対戦相手の鮮血が生々しく残る。有終の美を飾った試合で、使用した思い出の品だ。いま、自室に大事に保管している。九八（平成十）年五月。西部日本J・バンタム級タイトルマッチで初防衛を果たす。直後に、チャンピオンベルトを返上、田川市役所に就職した。

それから三カ月。市役所そばの喫茶店で会った。一七〇センチ、五二キロ。スリムな体にブルーのスーツをまとった横山さん。「知らないことばかりで、恥をかく毎日です」

同年五月付で、田川市役所土木課に配属された。橋梁《きょうりょう》工事や道路舗装の現場に出掛ける日々。永岡勉・土木課長は言う。「覚えることはたくさんあるけど、素直で、礼儀正しいところがいい」

高校時代はバレーボールの選手。セッターとして活躍したが、身長が足りず限界を悟る。九州共立大に入学後「護身術程度の軽い気持ちで」ボクシングに手を染めた。名門・筑豊ボクシングジムに所属し、才能を開花させる。ディフェンス重視のボクシングに磨きがかかり大学二年で、プロテストに合格。九七（平成九）年十二月。西部日本J・バンタム級王座決定戦で王座を獲得する。

同じ年の秋。難関を突破、田川市役所の採用試験にパスした。市役所に勤めながら、プロボクサーを続けるつもりだった。「日本タイトルを狙える逸材」。そう期待された彼の前に立ちはだかったのは、地方公務員法だった。「全日本新人王になった、郵便局員ボクサーがいると聞いていました。ぼくもタイトル料を返上すれば〝二足のわらじ〟は可能と思っていました」

翌年四月。辞令をもらいに出向いた市役所で言われた。「兼職兼業になる。どちらか選択を」。一週間悩んだ末、公務員の道を選ぶ。「悔いが残らないといえばうそになる。でも、初防衛戦はぼくが目指したボクシングがほぼ理想通りできたし……」

戦績は、八戦六勝一敗一分。ボクシングを通して、いろんなことを学んだ。ひとたびリングに上がれば、だれも頼る人はいない。己の力だけの世界と思われがち。実は、多くの人たちに支えられて、初めてリングの自分があることを知った。

「コーチ、スパーリングの練習相手、食事に気を使ってくれた母、試合を組んでくれたジムの会長。この人たちに支えられてリングに上がることが出来たのです」

ある週刊誌がエールを送っていた。「これからは〝地方行政のチャンピオン〟を目指せ」と。

インターネットで町おこし

「サイバービーイング」代表
末武勝行さん（39）

超多忙な人である。いま、四月発売の電子メールソフト「ふみごころ」のＰＲに飛び回っている。九九（平成十一）年三月の昼下がり。やっと会うことができた末武さんは、福岡市天神の事務所で、ホカ弁をかき込んでいた。

「〝ふみごころ〟は自社開発ソフトの第一号。活字を大きくしたり、難しい操作性を簡単にし、お年寄りが親しみやすいよう和の文化を施した自信作です」

これまでのメールソフトにはさし絵を挿入するスペースがなかった。「あらかじめ、さし絵を置く位置を決めることで、おさまりをよくしました」

九州工業大学情報工学部（飯塚市）の学生と組んで二年前（九七年）、ベンチャー企業「サイバービーイング」を設立。インターネットで「仕事を下さい」と発信する。仕事は順調に来た。第一号は、長野冬季五輪大会会場の道路情報管理システムの制作。大仕事をクリアして、自信を深める。そして、翌年春。待望の株式会社化を図る。

一九八七（昭和六十二）年に実家の洋服店を継ぐため、五年間勤めた会社を退職する。久しぶりに戻った故郷・飯塚市には、若者の姿はなかった。地元の商店主たちは、厳しい環境にもめげず明るく頑張っていた。そんな姿に接し、何か手助けしたいと思った。

九州工業大情報工学部が飯塚市に誘致されたのは、そんなころだった。縄のれんで若者と酒を酌み交わし、意気投合する。「学生たちはやる気満々。でも、何をしていいかわからない。方向性さえ示せば、すごいエネルギーを発揮します」

どんたく、山笠……。地域の祭りに参加させる。学生の得意分野のパソコンを使って町おこしの手助けはできないか。まず、商店街のホームページを開く。店の特徴や筑豊の石炭の歴史を取り上げ、好評を得た。これで自信をつけ九七（平成九）年一月、飯塚市幸袋の福岡ソフトウェアセンターに入居する。入居料など維持費は、末武さんがパソコン教室で得た収入をつぎ込んだ。データベースなどのプログラム開発、ホームページ制作、電子メールソフト開発、半導体の設計。それにパソコン指導。社員七人、それに九州工業大の学生二十人のスタッフを抱える若い企業だ。

いま、無秩序に肥大化したインターネットの犯罪や人権侵害が社会問題化している。規制論議も高まっている。「インターネットなんてしょせん、便所の落書き」と冷めた見方もある。一方で、人類が初めて手にした垣根のない相互伝達手段でもある。「ものには必ず、光と影があります。確かに危うさを持ち合わせていることも事実です。私たちは、そんな危険性を十分に認識することが必要です」

いま手がけているのは第二次元バーコード。いまあるバーコードの横文字を四角型に変えることで、千倍の情報量が可能になるという。

食肉業界の風雲児

里流通サービス
里　義久さん（41）

景気の回復が遅れ、街に活気が戻らない。そんな暗く、沈んだ空気とは無縁な元気企業の先頭に立つ。九九（平成十一）年七月。小倉北区のホテルで、食肉総合商社、株式会社「里流通サービス」の創業十周年記念パーティーを盛大に開いた。

同じ年の六月、小倉北区西港に新社屋を建設。銀行は、保証人抜きで建設資金を融資してくれた。財務内容、企業の将来性――どれも飛び抜けていいことのあかしでもある。

試練の十年だった。大きな二つの逆風にさらされる。一つは、創業直後のバブル崩壊。もう一つは、食肉業界を揺るがすあのＯ１５７パニック。三カ月の間、売り上げは五〇％ダウンした。バブルで傷を負う企業が多い中、大きな痛手にならなかったのは、常に挑戦の精神を忘れなかったからだ。

周りをパッと元気にさせる不思議な魅力がある。闘牛で知られる鹿児島県徳之島出身。大自然の中で育まれた大らかさ。生来の明るい性格。

北里大学獣医畜産学部畜産学科を卒業。在学時は獣医師を目指す。三年の時、留年したのを機に断念する。大手食肉総合商社に入社し、北九州営業所に配属された。

人の三倍働いた。そのころ、社員は灰色の作業服にゴム長靴で配達していた。里さんは違った。ノリの効いた白のワイシャツにネクタイを締め、革靴に履き替え客の前に立った。いつの間にか、他の社員にも広がった。売り上げも伸びた。

十年前（八九年）、独立する。手持ち資金百万円。一万七千円のアパートの一室を借りての出発だった。

「汚い」「重たい」「手間がかかる」。他の業者が嫌がるホルモン、とん骨に主流を置く。人がやらないことに目を向ける。それが里流だ。ある意味では商売の常道である。でも、だれもやらなかった――。

「当時、食肉の卸業者や小売店は、とん骨とかホルモンにソッポを向いていた。『いるなら取りに来い』。そんな感じでしたね。それなら、その二つを主流にしていこうと」

三年間は赤字が続く。が、口コミで「ホルモンの里」「とん骨の里」と知れ渡る。北九州でのとん骨のシェアは四割を超え、食肉流通業界に里旋風を巻き起こす。

「二つの逆風を乗り越えたことが大きな自信になりました」

二〇〇一年の「わっしょい百万夏まつり」には、古里の闘牛の山車をつくり、従業員と一緒に参加するつもりだ。

「小さな巨人」夢見て

極真空手福岡県支部緑道場
徳田則一さん（20）

「シュッ！」。けり上げた右足が、頭上の空気を切り裂く。強靱な足腰から繰り出される、上段廻し蹴り。さらに、鋭い突きの連続攻撃。

今年（九九年）成人式を迎えた。笑うとまだ幼さが残る。が、ひとたび道着をまとうと、武道家の厳しい表情に変わる。一六〇センチ、六三キロの体が、ひとまわり大きく見える。

突く。蹴る。跳ぶ。拳での顔面攻撃は禁止されている。それ以外は、拳、蹴りを駆使してどこでも攻撃できるという極真空手。世界最強の格闘技ともいわれ、瞬く間に世界百二十カ国に普及した。豪快なKOシーンが人気のK―1グランプリのアンディ・フグ（スイス）、フランシスコ・フィリヨ（ブラジル）も極真空手の出身だ。

奄美大島出身。二年前（九七年）、地元の高校を卒業と同時に海を渡る。同郷のあこがれの先輩、緑健児さん（36）が支部長を務める極真空手福岡県支部緑道場＝小倉北区片野新町＝へ。

緑さんは、一九九一（平成三）年の極真空手世界大会無差別級の世界チャンピオン。一六五センチ、七三キロの小兵ながら、世界の強豪をなぎ倒し頂点に立った。

その時のビデオを見た。一九〇センチを超す大型選手と闘っても打ち負けない気迫のこもった上段廻し蹴り、鋭い突き。パワー、スピード、天性ともいうべき技の冴え。

「小さな巨人」と呼ばれ、奄美大島では英雄的存在。同じ小兵の徳田さんも勇気づけられた。

「体が小さくても、努力すればオレだって頂点に立てるんだ」

そんなはやる気持ちを抑え、極真精神をたたき込まれた。〈頭は低く目は高く、口を慎んで心広く、孝を原点として他を益す〉

闘う前にまず礼節。年上の人を敬い、親を大事にする心を説く。「強くなればなるほど、人に優しくなければならない」。緑さんの言葉が胸に響いた。

「強くなりたい」と極真空手の門をくぐったのは、中学二年の時。天性の敏捷《しょう》性と瞬発力に磨きがかかる。高校二年で早くも、指導員の資格のある黒帯に。

全日本ジュニア空手道選手権で優勝したのは、高校三年の時だった。昨年（九八年）七月、全日本大会軽量級の準決勝で、顔にひざげりをもらい判定負けの屈辱を味わう。

「明るく、前向きなのがいい。人の三倍努力して、大きな夢に向かって欲しい」と緑さん。

その夢とは、極真空手世界大会で頂点に立つことだ。

筑豊にはカンツォーネが似合う

シンガー
るい（宮本理恵）さん（37）

三年前、村上進のＣＤ「アモーレイメンソ（愛に生きる）」を聴いて、鳥肌が立った。力強い中にも繊細で、流麗な響き。「これだ！」。長年、深し求めていた音楽に、出合った瞬間であった。全国で二番目に人口が少ないミニ市、山田。その筑豊に根を下ろし、カンツォーネ、シャンソンを歌う。デビューは二年前（九五年）。プロ歌手として遅咲きである。

昨年（九六年）十一月九日は、生涯忘れ得ぬ日になった。嘉穂町のひまわり園大ホール。ドラム、サックス、ベース、ピアノ……一流奏者をバックにカンツォーネ、シャンソンを熱唱した。初のソロコンサート。市民二百人が駆けつけ「理恵ちゃん頑張れ」と声援を送ってくれた。

九州女子短大ピアノ科を卒業。歌が好きで、ピアノ講師のかたわら、浪曲歌謡、歌謡曲、ポップス――何でも歌った。各地ののど自慢大会で、優勝する。浪曲歌謡の木村隆衛の前座として歌ったことも。その実力は作曲家、船村徹にも認められた。しかし、プロになる気はなかった。「プロの先輩から『この世界には、実力のある人は掃いて捨てるほどいる。成功するには実力プラス運がいる』と聞いていましたから」

十年以上前、演歌を歌っていたころ。嘉穂劇場の楽屋で、大御所、村田英雄から言われたことがある。「君ののどは、演歌に向いてないね」

転機は九四（平成六）年。何気なく手にした新聞は、シャンソンスタジオの開設を報じていた。飯塚市のスタジオで、ケーシー山村さん（本名・山内恵介）と出会う。東京で十三年間、ピアニストとして活躍、両親の出身地（筑穂町）に近い飯塚で、スタジオを開設したのだった。プロの耳は鋭かった。「君の声は、村上進のカンツォーネが合っている」

村上やシャンソンの古賀力のCDを聴いて、衝撃を受けた。勇気づけられたり、励まされたりしているようだった。いまこの瞬間、瞬間の喜び、悲しみを歌に託すカンツォーネ。自分の気持ちに合っていると思った。

なぜ筑豊で、カンツォーネ？「好き嫌いがはっきりして、感情豊かな筑豊気質とカンツォーネはぴったり合うんです」

今年（九七年）の夏、山田市でミニコンサートを開いた。「古里を離れた若者に、田舎を思い出してもらいたかった」。演歌しか聴いたことがないというお年寄りが「よかったよ」と手を握ってくれた。

二児の母。レッスンの合間には、母が営む中華料理店を手伝う。市民センターでレッスンしていると、お年寄りや中学生が聴きにきてくれる。

「仲良しになった中学生がコンサートの受け付けを手伝ってくれたんですよ」

若き生命《いのち》、土にまみれて

有機農業
松原始《もと》子さん（21）

「東京では味わえなかった感動を、日々分けてもらっています」

松原さんは化粧けのない顔をほころばせた。白の綿パンにゴム長靴。くたびれかけたピンク色のTシャツは、汗でぬれていた。

農業を学ぶため、東京から嘉穂郡桂川町の古野隆雄さん（46）方に住み込んだのは、一九九七（平成九）年四月。有機農業を肌で体験し、九八年春、独立した。

「（祖母がいる）九州で農業をやりたい」

松原さんが、両親にこう切り出したのは高校三年の秋だった。母は猛反対した。「進学できる環境にありながら、大学に行かないなんて！」

東京の中高一貫の進学校に学んだ。父は都内の高校教諭、母は幼稚園の先生だった。何不自由なく育った。

そんな松原さんの目を見開かせたのは、高校二年の夏休み。タイ北部の麻薬中毒患者施設でのボランティア活動だった。

ミャンマー、ラオスに接したタイ最北部の山岳地帯。貧しい少数民族の村は、ひそかに麻薬の原料になるケシの花を栽培していた。両親は麻薬中毒、子どもは人身売買——そんな家庭に残された子どもたちと寝起きを共にした。

冷蔵庫も洗濯機もない。車で一時間も走らなければ店もない。そんな貧しい村で、忘れられない光景を見た。夜。一メートル先も見えないまっ暗闇で、楽々とカエルを捕まえる男の子。生きた鶏の首をつかみ、ナタでさばく女の子……。

「知識は私の方がはるかにあったと思う。でも生きる力や知恵は比較にならなかった」。学校で教わったことは、全く役に立たなかった。

「女一人で農業ができるの？」。この間、何度聞かされたことか。でも古野さんはこう励ましてくれた。「楽しいと思えるなら、だれでも出来る。君もそう思えるならやるべきだ」と。父も「定年したら、一緒にやりたい」と言ってくれた。

新鮮な驚きの連続だった。「恥ずかしい話ですが野菜に夏野菜、冬野菜など旬があることを初めて知りました」。大自然と向き合って生活していると、天候にも敏感になった。

炎天下。農作業していて一瞬、心地よい風が吹いて、稲がザワザワと揺れる——。「こんな、何でもない光景に感動できるなんて、すてきなことだと思いませんか？」

松原さんは、そう言って笑った。

肥沃の大地に賭けた夢

有機農業
岩城聡一さん（31）

強い日差しが照りつける野菜畑。キャベツの葉についた害虫を、根気よく手で取る岩城さんの頭上で、ヒバリがのどかにさえずる。

今年（九九年）三月、乗用車を手放し、農業用の軽トラックに買い替えた。「もう後には引けない。有機農業に賭けてみたいと思います」。日焼けした顔が一瞬、引き締まって見えた。

九八（平成十）年の同じごろは、ベンチャー企業のサラリーマンだった。商品開発課にいた。アイデア、ひらめき、着想力……。常に新しい発想が求められる厳しい職場である。「ヒット商品をださなければ」。つきまとうプレッシャー。つのるイライラ。「そんな夜は決まって深夜まで飲みながらグチってましたね。ふと考えました。『こんな生活続けていたら自分がダメになる』って」

九八（平成十）年の大型連休。骨休めに五島列島・福江の友人を訪ねた。林業と農業を営む友人宅で手にした『合鴨《あいがも》ばんざい――アイガモ水稲同時作の実際』にこころ動かされる。

著者の古野隆雄さん（48）は、福岡県嘉穂郡桂川町でアイガモ農法による米作りと無農薬野菜に取り組む先駆者。化学肥料や農薬、除草剤を使わない有機農業である。

同じ年の七月、七年間勤めた会社を辞めた。四カ月間、悶々《もんもん》とした末、再び古野さんを訪ねたのは十一月のことだった。古野さんは振り返る。「以前やっていた仕事から逃げて来た人に、農業が務まるはずがない。でも彼は違いました。自分を表現したいものを真剣に探しているのがわかった」

研修生として受け入れるかどうか。二週間、農業を手伝ってもらいながら観察した。「動作はぎこちないが、一生懸命やっている。それに、自分なりの意見を持っていた」。こうして、古野さんの下で一年間の「農業研修生」となった。

「サラリーマンのときは、日曜、祭日は休みだったが、農業は日曜日もないことを知りびっくりしました」

一日、十四時間労働はざら。休憩は昼食休みぐらいなもの。「農業技術の習得とともに、ハードな生活に日々、耐える。そんな生活の中から喜びや楽しさを見いだせるかどうかでしょう」と古野さん。

今年（九九年）十一月には、独り立ちしなければならない。工業製品なら一日に大量生産できる。が、米は一年に一回しか収穫できない。「六十五歳まで、農業をやるとして、米を作れるのもせいぜい三十数回。自然は待ってくれないのです」

「将来の夢？　都会の人たちを集め〝農業塾〟をやりたいですね」。穂波町に六〇アールの農地を確保した。十一月から独り立ちする。

動物の声を聞く

中学美術科非常勤講師
原賀いずみさん（40）

いま、絵本づくりに夢中だ。主人公は、到津《いとうづ》遊園に三十六年も住んでいるオスのカバ。名前はカバオ、三十八歳。東京・上野動物園で生まれ、二歳の時、到津にやってきた。

「カバオを見ていると、アフリカの大地の形そのもので、生命の不思議を感じます」

アフリカに行ってみたい、と言って泣くカバオ。そんなカバオを、動物園で最古参のトビが優しく慰めるストーリー。「到津の森のなかまたち」

「カバオのお父さんは、アフリカから最初に日本に連れてこられたカバです。動物園育ちでも、アフリカの血を引き、いろいろな役割を持って生きているんです」

一九九八（平成十）年、その到津遊園の廃園問題が持ち上がる。いち早く、存続の署名活動に走り回った。「人間の都合で、動物の運命が決まっていいものか」。そんな思いもあった。開園から六十数年。児童文化、社会教育の発信基地として果たしてきた重い歴史が刻まれている。

「林間学校、到津の童話集作成、口演童話の開催……と到津遊園をキーステーションに、北九州の児童文化が育ってきた」

動物園を拠点に学校の先生や学生、地域の人たちも加わり、動物を通して、自然の大切さ、環境教育、文化の芽が育ってきた。

父、森友忠生さんが到津遊園の園長を長年、務めたこともあり、物心ついたころから動物園は自分の庭だった。朝からカンガルーのオリの前に座って、観察しているうちに日が暮れたこともある。

「オランウータンの足の指は人間の手のように関節が長い。木の上で生きてきたことがよくわかります。生き物の本当の姿を見てほしい。動物園は自然を学ぶ窓口です」

福岡教育大の美術科を卒業。養護学校の教員を四年したあと、結婚して広島へ。十年前（八九年）に夫の転職で、北九州へ戻ってきた。いま週二回、中学校で美術を教え、動物を媒介にして環境教育の重要性を説く。

新しく生まれ変わる到津遊園。「人間と動物が共生してきた里山体験ができる動物園」をキーワードに、北九州市の検討委員会が九九（平成十一）年八月、最終答申をまとめた。

「動物園づくりはまちづくりでもある。地球環境を考える、そんな動物園にしていきたいですね」

いま、まちづくりの理論と実践を学ぶ講座、わくわくまちづくり工房（市職員研修所）に通っている。知的好奇心は衰えない。

廃校が窯になった日

陶芸家
中牟田八壽子《やすこ》さん（44）

コーヒーカップ、茶わん、湯呑み……生活雑器が並ぶ展示室。不揃《ふぞろ》いだが、そっと手に取ってみたくなるような素朴な味わいがある。

「知人に『窯ぐれの道は厳しいよ』といわれたけど、いまその言葉を噛みしめています」

無造作にまとめた髪に、ジーパン姿。左腕に火ぶくれの跡が三カ所。窯の温度は千二百度を超す。「そんな高温なのに、半袖で薪をくべちゃったものだから……」と笑う。

町の好意で、廃校になった校舎を借り受けたのは九六（平成八）年末。背丈ほどに伸びた雑草を刈り、雨漏りを直して住めるようにした。校舎中庭に据えつけた窯はあえて、まき窯にこだわった。「炎の調整が容易なガス窯は、失敗は少ない。でも、自然な灰かぶりの作品を追求してみたかった」

期待と不安が交錯する初窯開きは翌年の四月末だった。「『おい、もうへこたれたのか』。窯にそう笑われているようで悔しかった」

昼夜を問わず窯と向き合った四日間。「あるときは気難しく、あるときは挑戦的に向かってくる。まるで生き物のようでした」

北九州市八幡東区出身。一九八七（昭和六十二）年から三年間、市内の老人病院で看護助手として働いた。そこで見た「かろうじて生き長らえているお年寄りの姿」に愕然《がくぜん》とした。

「いつかは私もこうなるのでは……。ならば、自分をごまかさず、本当にやりたいことをして生きていこう」

趣味として習っている陶芸の道に進むことにした。決断したあとの行動は早かった。週三回、飯塚市で小料理のアルバイトをしながら陶芸の基礎を学んだ。

中牟田さんが移り住んだ嘉穂町立泉河内小学校旧栗野分校。九一年度から入学児童はいなくなり、九六（平成八）年春、約百二十年の歴史を閉じた。約五十年前、村の人たちが総出で山から木を切り、建て替えた思い出の校舎。それだけに地区民の愛着は強い。地区の古老は顔をくしゃくしゃにして言った。「わしもこの校舎で学んだんだ。使ってくれてうれしいよ」。高倉円次町長も「栗野を陶芸の里に」と励ましてくれた。

標高三八五メートル。この冬は雪が三〇センチも積もった。「たくさんの人に支えられてここまでこれた」。大自然の中で、窯と向き合える喜びをしみじみと感じている。

ある「再会」

アコーディオン奏者
岩橋直子さん（28）

大学秘書の仕事を二年前（九七年）、辞めた。結婚退職だった。夫が住む苅田町へ福岡市から引っ越してきた。

初めての土地。不安がいっぱいだった。「ブルーな気持ちでした。それが今は、コンサートに呼ばれ、知り合いはたくさんでき、しかも、皆さんに喜ばれるんですから」。知らない土地で、プロの演奏家になろうとは。人とのつながりの妙をいま、しみじみと感じている。

電子ピアノを購入したのが、そもそもの発端だった。ピアノを届けてくれた楽器店主がアコーディオンの練習をしている岩橋さんを見て、こう誘った。「ライブハウスで演奏してみませんか」。軽い気持ちで、ステージに立った。聴きなれたギター、ピアノとは違うアコーディオンの音色は、お客に新鮮に映った。

お客やバンドマンからほかの店を紹介された。口コミで広がり、役所や会社のイベントへの誘いも来た。本人が意識しないうちに、この道のプロになっていた——。

六歳からピアノを始めた。ほかの楽器に目移りした十三歳の時、両親にアコーディオンを買ってもらう。なぜアコーディオン？

「フルートやバイオリンにも、ひかれたんですけど、メロディーしか弾けない。伴奏もメロディーも弾けるアコーディオンに興味を持ちました」

いざ始めてみて驚いた。楽器は少ないし、楽譜もそろわない。指導者も少なかった。集団レッスンに通う。ほとんどが年配の人だった。楽譜も民謡、ナツメロ、童謡ばかり。「少女にとって面白みのないものでした」

半年で辞めた。再びその魅力に呼び覚まされたのは、就職してから。レコード店で聴いたパリ・ミュゼット（パリに移民したイタリア人の音楽）に心が揺さぶられた。郷愁をそそるアコーディオンのメロディー。「これだ！　こんな曲を弾きたかったんだ」

楽器店に足を運んだが、楽譜はない。ＣＤを聴きながら、五線紙に書きとった。筑後市でアコーディオン教室を開く内田正次さんのレッスンにも通った。

ミュゼット、タンゴ、シャンソン、クラシック、それに映画音楽。レパートリーは広い。独奏だけではなく、バイオリン、ピアノ、ギターとのアンサンブルにも挑戦している。

イタリアやフランスでは、公園や街角でアコーディオンを弾く年配の姿が見られる、という。

「身近に、アコーディオンがある風景って素晴らしいですね」

わがこころの記

フリーライター
種部みゆきさん（36）

何度もピンチはあった。長女（小四）が生まれて間もなく、育児ノイローゼに悩む。長男（小二）は幼稚園児の時、深刻な登園拒否に陥る。一年間、一緒に登園しながら格闘する。

心の空白を埋めてくれたのが、書くことだった。つらい時、悲しい時、うれしい時……女性誌に投稿する。「日々の生活の中の喜怒哀楽や笑いの中に涙があるようなエッセー本を出すのが夢です」

主婦兼業のフリーライター。「書けない。才能もない。もう辞めよう」。何度そう思ったことか。そのたびに夫隆夫さん（35）に励まされた。「才能があるかないかは、だれもわからない。あきらめたら後悔するよ」

フリーライターを目指すきっかけは、八年前（九〇年）。育児ノイローゼに悩んでいたころ。「カナダに行けたらいいなあ」。ふと漏らしたつぶやきを隆夫さんが引き取った。「家族三人で行こう」。「お金ないよ」という妻に、「ありったけの金を使えばいいじゃないか」。翌日、夫は旅行代理店に出向き申し込んできた。

少女時代から夢があった。中学二年の時、胸をときめかせて読んだ「赤毛のアン」。感受性豊かな主人公・アン。「これほど心に残るものを書ける人ってすごい」。その作者、ルーシー・モード・モンゴメリの古里、カナダのプリンス・エドワード島に行ってみたい、と思い続けていた。モンゴメリが過ごした実家、勤めていた郵便局、愛用したタイプライター……。夢のような一週間だった。「私ももの書きを目指そう」

帰国後。ある女性誌から「赤毛のアン」の古里を訪ねる紀行文の執筆依頼が来た。「著名な人のエッセーは、親近感が伝わってこない。市井の人たちの思いを代弁する心豊かなエッセーを書きたい」

昨年（九七年）、ある女性誌にエッセーを書いた。訪れた化粧品店で、不愉快な接客を受けたのがきっかけだった。そして小学三年の時の体験がよみがえってきた。お母さんへの誕生日プレゼントを買い求めにいった化粧品店。気に入ったコンパクトは何千円もするのに、五百円しかない。店のお姉さんがやさしく言った。「残りは、お姉ちゃんが立て替えておくね。お金ができたら持ってきてね」

エッセーの最後はこう結んだ。〈ローンで手にいれた星くずのコンパクト。お姉ちゃんのすてきな笑顔。いまなお私の中で、やわらかな思い出として輝き続けます〉

あとがき

本書は「風の詩」のタイトルで一九九七年五月から九九年八月まで二年四カ月にわたって毎日新聞西部本社管内の地域面（北九州、京築、筑豊各面）に週一回、掲載された続き物に一部加筆したものです。

この連載をスタートさせたきっかけは、ひょんなことからでした。新聞社での私は、八六年から九七年まであしかけ十一年、筆を取り上げられ、デスクワークの仕事に就かされました。若い記者が書いてくる原稿をチェックしたり、第一線取材の指揮を取る役回りです。

やっと、その任を解かれ、報道部編集委員として、再び第一線の取材現場に復帰したのは九七年四月のことでした。思えば第一線の現場を離れている間は、まさに激動の十一年間でした。とりわけ一九八九年は、衝撃的な年として脳裏に刻まれています。昭和天皇の死去に始まり、ベルリンの壁が壊され、長く続いた東西の冷戦が終結、世界と日本の激変が始まった年でもあります。そして、バブル経済の崩壊、阪神・淡路大震災、地下鉄サリン事件、金融大改革……あらゆる価値観や戦後のシステムが大きく揺らぎ、国も人も我を見失っていく時代でもありました。

十年以上も「陸に上がった河童」同然の私が取材のカンを取り戻すのには少々のリハビリが必要でした。記者が読者と同じ目の高さに立ち、読者の中に入って記事を書く――。そこで思いついたのが、地域にしっかり根を張り、さまざまな分野で時流に流されずひたむきに生きる人々の声に耳を傾けてみよう――ということでした。「経済効率」「大量生産」「便利さ」「利潤」――など戦後の私たちを支えてきた価値観とは一線を画した生き方をされている人たちの姿を通して、高度成長以来、私たちが信じてきた価値観を問い直すことができれば……。そんな思いからのスタートでした。

謙虚、けなげ、節度、素朴、一徹――そんな生き方をされている魅力たっぷりの人たちに出会い、こちらまでたくさんの元気を分けてもらったように思います。ここに登場する八十四人の方々の生きる勇気、希望、知恵を少しでも感じ取っていただければ幸いです。

私事になりますが、八十歳を超えた父が「風の詩」の連載を楽しみにしていました。その父も九八年九月、旅立ってしまいました。この本を父の霊前に捧げようと思います。

出版にあたってお手をわずらわせた石風社の福元満治さん、藤村興晴さんに心から感謝します。

二〇〇〇年一月　　西尾秀巳

藤田洋三

藁塚《わらづか》放浪記

北は東北の「ワラニオ」から南は九州の「ワラコヅミ」まで、秋の田んぼを駆け巡り、〈ワラ積み〉の呼称と姿の百変化を追った三十年の旅の記録。日本国内はいうに及ばず、果ては韓国・中国まで踏査・収集した写真三百葉を収録した貴重な民俗誌！　二六二五円

姜信子（文）アン・ビクトル（写真）

追放の高麗人《コリョサラム》「天然の美」と百年の記憶

＊〇二年地方出版文化功労賞受賞

１９３７年、スターリンによって中央アジアの地に強制移住を強いられた二〇万人の朝鮮民族。国家というパラノイアに翻弄された流浪の民は、日本近代の代表的大衆歌謡「天然の美」を今日も歌い継ぐ。絶望の奥に輝く希望の光に魅せられ綴った物語　二一〇〇円

石牟礼道子全詩集

はにかみの国

＊芸術選奨文部科学大臣賞受賞

【文化庁芸術選奨・文部科学大臣賞受賞】石牟礼作品の底流に響く神話的世界が、詩という蒸留器で清冽に結露する。一九五〇年代作品から近作までの三十数篇を収録。石牟礼道子第一詩集にして全詩集　（2刷）二六二五円

浅川マキ

こんな風に過ぎて行くのなら

ディープにしみるアンダーグラウンド――。「夜が明けたら」「かもめ」で鮮烈にデビューを飾りながら、常に「反時代的」でありつづける歌手。三十年の歳月を、時代を、そして気分を照らし出す著者初めてのエッセイ集　（2刷）二一〇〇円

宮崎静夫

絵を描《か》く俘虜

満洲シベリア体験を核に、魂の深奥を折々に綴った一画家の軌跡。昭和十七年、十五歳で満蒙開拓青少年義勇軍に志願。敗戦後シベリアに抑留。四年の捕虜生活を送り帰国。土工をしつつ画家を志した著者が、虚飾のない文体で記す、感動のエッセイ　二一〇〇円

安達ひでや

笑う門《かど》にはチンドン屋

親も呆れる漫談少年。ロックにかぶれ上京するも挫折。さらに保証をかぶって火の車になり、日銭稼ぎに立った大道芸の路上で、運命の時はやってきた――。全日本チンドンコンクール優勝、稀代のチンドン・バカが綴る、裏話満載の痛快自叙伝。　一五七五円

＊読者の皆様へ　小社出版物が店頭にない場合は「**日販扱**」か「**地方・小出版流通センター扱**」とご指定の上最寄りの書店にご注文下さい。なお、お急ぎの場合は直接小社宛ご注文下されば、代金後払いにてご送本致します（送料は二五〇円。総額五〇〇〇円以上は不要）。

表示は税込み価格（本体＋税五パーセント）です

中村哲＋ペシャワール会編

空爆と「復興」　アフガン最前線報告

米軍による空爆下の食糧配給、農業支援、そして全長十四キロの灌漑用水路建設に挑む著者と日本人青年たちが、四年間にわたって記した修羅の舞台裏。二百数通に及ぶeメール報告を含む、鬼気迫るドキュメント

（2刷）一八九〇円

トーナス・カボチャラダムス（画・文）

空想観光　カボチャドキヤ

「今ここの門司の町がカボチャラダムス殿下が魔法をかけている間だけカボチャドキヤ王国なのである」〈種村季弘氏〉猥雑でシニカル、豊穣でユーモラス、高貴にしてエロティックなカボチャの幻境を描いた不思議な画文集！

二一〇〇円

栢野克己

逆転バカ社長　天職発見の人生マニュアル

転職・借金・貧乏・落第……は成功の条件だった！　ラーメン界の風雲児から冷凍たこ焼き発明者、ホワイトデーの創設者まで、今をときめくフクオカの元気社長二十四人の痛快列伝。「負け組」が逆襲する経営戦国時代の必読バイブル！

（3刷）一五七五円

ジミー・カーター
飼牛万里・訳

少年時代

米国深南部の小さな町、人種差別と大恐慌の時代、家族の愛に抱かれたピーナッツ農園の少年が、黒人小作農や大地の深い愛情に育まれつつ、その子供たちとともに逞しく成長する。全米ベストセラーとなった、元米国大統領の傑作自伝

二六二五円

小林澄夫

左官礼讃

日本で唯一の左官専門誌「左官教室」の編集長が綴る、土壁と職人技へのオマージュ。左官という仕事への愛着と誇り、土と水と風が織りなす土壁の美しさへの畏敬と、殺伐たる現代文明への深い洞察に貫かれた左官のバイブル。

（7刷）二九四〇円

藤田洋三

鏝絵《こてえ》放浪記

壁に刻まれた左官職人の技・鏝絵。その豊穣に魅せられた一人の写真家が、故郷大分を振り出しに、壁と泥と藁を追って、日本全国、さらには中国・アフリカまで歩き続けた二十五年の旅の記録。「スリリングな冒険譚の趣すらある」（西日本新聞）

（2刷）二三一〇円

著者　西尾秀巳（にしお・ひでみ）
1947年　鳥取県米子市生れ。
1970年　毎日新聞社入社。長崎、熊本各支局次長、福岡総局次長を経て97年4月から西部本社報道部編集委員。
著書：『病める地域医療——大分からの報告』
『熱い叫び——被差別部落からの告発』
『こころの風景——ストレス社会の構図』
（いずれも葦書房）

わたしの天職　北九州おもしろ人間帖
二〇〇〇年四月三十日初版発行
二〇〇六年六月二十日初版第二刷発行
著者　西尾秀巳
発行者　福元満治
発行所　石風社
福岡市中央区渡辺通二—三—二四
電話　〇九二（七一四）四八三八
ファクス〇九二（七二五）三四四〇
印刷　九州チューエツ株式会社
製本　篠原製本株式会社